Astrología

Lo que necesita saber sobre los 12 signos del Zodiaco, las cartas del tarot, la numerología y el despertar de la kundalini

Índice

Introducción

El Zodiaco, la astrología y demás prácticas de adivinación están en todas partes, pero ¿en qué medida están conectadas con sus prácticas originales? Históricamente estas técnicas de adivinación ayudaban a la gente a tomar decisiones sobre la agricultura, el amor y las estrategias bélicas. En la actualidad, al horóscopo y demás se tratan como galletas de la suerte: divertidas y monas, pero poco apreciadas. La verdad sobre este tema es que estas prácticas están enraizadas en nuestra historia como sociedad. Además de esta historia, también tienen valores y creencias mucho más complicadas que la superficialidad que vemos en los medios. Para situarle en contexto, aquí le incluimos una historia completa de cada una de las ramas de adivinación que tratamos en este libro.

Desde los albores del pensamiento y la conciencia humana, una parte de la existencia del hombre ha conectado toda la vida. Es una parte del día a día que todos los humanos hemos vivido: pasado, presente y futuro, y ha maravillado y asombrado a todas las generaciones y culturas. Esto es, por supuesto, el cielo. El cielo nocturno ha sido el protagonista de muchas historias y canciones de amor, y normalmente es una experiencia mágica. Ha sido utilizado durante siglos como una herramienta científica, un mapa de navegación y (posiblemente la más importante) una fuente de inspiración emocional y espiritual. Es debido a este increíble fenómeno que llamamos cielo por el que tenemos la astrología moderna. Pero ¿cómo hemos llegado hasta aquí? Para entender esto en profundidad, tenemos que empezar por el principio: el principio de la astrología como razonamiento.

Las primeras observaciones del cielo nocturno empezaron en la antigua Mesopotamia. Estas primeras civilizaciones nombraron las constelaciones más importantes y las cinco estrellas errantes que, junto con el sol y la luna, forman los siete planetas originales. Dentro de esta civilización encontramos a los babilonios, que comenzaron la ciencia conocida como astronomía (que no se debe confundir con la astrología). Es a través de las investigaciones de estos pueblos antiguos que se producen los primeros estudios del Zodiaco. Originalmente, el Zodiaco era una especie de mapa del cielo nocturno que diferenciaba las constelaciones para ayudar a calcular la fecha según la ubicación de las estrellas errantes respecto a cada constelación. No solo era muy útil desde un punto de vista científico, sino que cada porción del cielo también estaba conectada con diferentes dioses, otorgando, por tanto, rasgos de personalidad distintos. Este es el origen de los doce signos del Zodiaco tal y como los conocemos hoy.

El punto de partida de las cartas del tarot moderno se remonta mucho más de lo que podría imaginar. El origen de esta mística baraja es punto de controversia entre muchos historiadores, pero una de las teorías más aceptadas es que apareció por primera vez en el siglo XIV en Turquía. En ese momento, lo más probable es que se conocieran como cartas Mamluk, pero después recibirían su nombre moderno por un juego italiano llamado Tarocchi Appropriati, que fue finalmente acortado al término moderno tarot.

La historia de la numerología es extensa y amplia. Casi todas las civilizaciones conectadas con la formulación de las matemáticas vinculan algún tipo de significado a los números. En este libro nos concentraremos en las tres formas más comunes de la numerología: la cabalística, la caldea y la pitagórica. La numerología cabalística tiene su origen en el misticismo hebreo en conjunción con el alfabeto hebreo original y se usa normalmente para interpretar nombres. Al tener el alfabeto original hebreo veintidós letras, aporta más significado a la baraja de veintidós cartas del tarot. La numerología caldea está más relacionada con la astrología debido a su origen en la antigua Mesopotamia, que ya sabemos que es el punto de partida de la astrología moderna. Dentro de la caldea, se cree que cada número tiene su propia vibración y un nivel de energía entre uno y ocho. Por último, el sistema de numerología de uso más generalizado es el pitagórico, que fue desarrollado por el matemático griego Pitágoras. En este sistema se asocia un número a una letra del alfabeto griego según su ubicación y también entra en juego la vibración de los números, pero, a diferencia del caldeo, la numerología pitagórica usa solo números del uno al nueve y del once al veintidós.

Despertar la *kundalini* es, sin lugar a dudas, la videncia menos conocida de las que hemos hablado, pero tiene ideales y orígenes muy poderosos. La procedencia de la idea de la *kundalini* es históricamente incierta. No se sabe mucho sobre quién teorizó primero sobre esta energía ni cómo puede afectar a una persona el despertarla. Lo que se han encontrado son varios escritos védicos y tántricos describiéndola. El más antiguo que se conoce es un documento escrito por un hombre llamado Adi Sankaracharya, que vivió alrededor del siglo VII u XVIII después de Cristo y recoge: *«Habiendo llenado el camino de las nadis con la ducha del néctar fluyendo desde los pies del loto, habiendo reanudado su propia posición fuera de las regiones lunares resplandecientes y que él haya asumido la forma de la serpiente de tres espirales y media, duerma usted en el vacío de la kula kunda».* En este texto *kula kunda* es el hueco del hueso sacro *mooladhara*.

Obviamente, gracias a este texto se puede concluir que el contexto histórico de estas prácticas es mucho más complejo de lo que pensábamos. Con este libro aprenderá sobre estas técnicas y su significado. Por el camino encontrará información que le podrá ayudar a conducir su propia vida con la comprensión de estas ramas de la adivinación. Pueden ayudarle a entender la razón por la que se siente de cierta manera, por qué actúa la gente de un modo u otro respecto a usted y cómo reaccionar en determinadas situaciones para obtener el impacto más positivo para usted como individuo. Adquirirá todo este conocimiento y mucho más con este libro.

Capítulo 1: Horóscopos y el auge de su popularidad

En el mundo actual estamos rodeados de horóscopos de diferentes grados de legitimidad. Desde su vida amorosa al estado de sus finanzas para la semana siguiente, los horóscopos pueden hablarle prácticamente sobre cualquier cosa de su vida y lo que le espera mañana o en un año. Sin embargo, ¿qué son realmente los horóscopos? ¿Cómo decide la gente en qué debería invertir este año un piscis? ¿Siempre han existido o simplemente surgieron de la nada? Este capítulo discutirá todo esto y más, según indaguemos más en los horóscopos y cómo encajan en nuestra vida moderna.

Cuando hablamos de horóscopos nos referimos a las predicciones basadas en la ubicación de las cinco estrellas errantes (Marte, Venus, Mercurio, Júpiter y Saturno) respecto a la constelación que está asociada con el signo del Zodiaco. Se dice que cada planeta de las estrellas errantes está conectado a una deidad diferente. Debido a esta conexión, cada planeta tiene características distintas semejantes a los rasgos de personalidad que afectan a la constelación (es decir, el Zodiaco) en la que están en ese preciso momento. En la tradición griega los dioses y las características asociadas con cada planeta eran:

Marte – El dios de la guerra; un Zodiaco con Marte en su constelación puede disfrutar de una mayor confianza en sí mismo y asertividad, así como más energía e impulsividad.

Venus – La diosa del amor; su influencia en la constelación de un Zodiaco puede traducirse en una mayor intensidad en su vida amorosa, así como una inclinación acentuada por las artes.

Mercurio – El dios del comercio, el viaje y los ladrones; a un signo del Zodiaco con este planeta en su constelación puede resultarle más sencillo aprender cosas nuevas y además tener suerte en las empresas económicas.

Júpiter – El dios de los dioses; se le relaciona con el liderazgo y, por tanto, su presencia en la constelación de un signo puede provocar episodios de suerte y optimismo extremo.

Saturno – El dios de la agricultura y la cosecha; cuando se encuentra en la constelación de un Zodiaco es probable que esté más inclinado a ser más responsable y a seguir las reglas.

Por supuesto, esto es solo un vistazo de la influencia de un planeta en su constelación. Para averiguar el verdadero significado de los planetas cuando se encuentran en las diferentes casas de su carta astral o natal, lea el capítulo 3.

Ahora que entendemos el concepto básico de los horóscopos y lo que pretenden transmitir, ¿cómo han evolucionado hasta lo que son ahora? ¿Por qué son tan populares? El origen de los horóscopos diarios tal y como los conocemos hoy en día comenzaron en 1930 cuando R. H. Naylor publicó por primera vez un horóscopo en un periódico. El tema de estas predicciones fue la carta natal de la princesa Margarita donde prometía que su vida sería ajetreada. Aunque no fue el horóscopo complicado y espiritual al que estamos acostumbrados a ver estos días, parece que esta publicación despertó algo que ha pervivido durante generaciones, una clase de fascinación. Al principio las columnas de Naylor recogían predicciones basadas en cumpleaños que ocurrían la siguiente semana, pero a lo largo de su carrera en la prensa se hizo cada vez más evidente que sus horóscopos tendrían que ser relevantes a un público más amplio si quería subir como la espuma. Para ello, Naylor utilizó los signos solares con una técnica que conocemos muy bien en la actualidad. Al cambiar de fechas de cumpleaños específicas a signos solares, Naylor pudo aplicar sus predicciones a mucha más gente. Desde entonces, los horóscopos se han complicado más y más, pero también se han vuelto mucho más vagos.

¿Pero qué ha hecho de estos horóscopos algo tan popular? ¿Por qué está la gente tan prendada de estos párrafos con descripciones ambiguas de cosas que puede que le pasen o sienta en un plazo de veinticuatro horas? La respuesta es simple, solo tienen que fijarse en la única cosa por la que la gente nunca ha dejado de fascinarse: ellos mismos. Desde el comienzo de los tiempos, los humanos han estado obsesionados con ellos mismos, y parece que va a peor; cuanto más tiempo pasamos como sociedad sin hacer casi nada o reflexionando sobre nosotros como personas, más obsesionados nos volvemos con entender nuestras personalidades. Los horóscopos son el alimento perfecto para esta obsesión porque se concentran excesivamente en el individuo y son prácticamente infinitos. Cada día hay información nueva sobre cada planeta dentro de cada signo zodiacal, con lo que la persona adicta a averiguar más sobre ella misma puede continuar obsesionándose todo lo que quiera. Y ahora con las redes sociales, las nuevas tecnologías e información gratis al alcance de la mano con páginas y páginas sobre su horóscopo con una simple búsqueda en Google, es mucho más fácil caer en esa adicción. Puede que ahora piense que todo esto es pesimista y catastrófico y que todos somos unos narcisistas horribles que únicamente nos preocupamos de nosotros mismos. ¡No se preocupe! Disfrutar de los horóscopos no le hace mala persona, simplemente curiosa, por lo general. Además, en lo que respecta a adicciones, hay muchas peores que leer su horóscopo.

Capítulo 2: Los doce signos del Zodiaco y su significado más profundo

Hoy en día la mayoría de la gente conoce lo básico de los doce signos del Zodiaco. Por lo menos saben su propio signo y algunos de los estereotipos asociados con cada uno, e incluso puede que sepan qué signos son compatibles con el suyo. En realidad, los signos del Zodiaco esconden mucho más que simples rasgos estereotipados asignados por los medios modernos. Además, la personalidad de una persona está vinculada a mucho más que su signo solar, que es en lo que se fijan la mayoría de estas páginas web. En este capítulo profundizaremos en las particularidades de cada signo del Zodiaco únicamente según su signo solar, comenzando por el final, con Piscis.

Piscis (19 de febrero – 20 de marzo)

Piscis es el ultimo signo en el ciclo de los doce. Se encuentra entre el 19 de febrero y el 20 de marzo y se le conoce como un signo de agua, por lo que a menudo se le relaciona con las sirenas u otras criaturas marinas. A este Zodiaco se le describe normalmente como soñador y artístico, pero estos son rasgos superficiales. Puede profundizar en esto observando la imagen de su constelación, que son dos peces nadando en direcciones opuestas unidos por una cuerda o hilo. El hecho de que naden alejándose el uno del otro señala que un Piscis puede ser muy contradictorio y mostrar rasgos de otros signos. Este signo en particular puede ser muy confuso y difícil de definir en un par de características debido a su posición dentro de los doce signos. Al ser el último, la constelación de Piscis es conocida por mostrar rasgos de cada signo. Debido a su conexión con los otros signos y la dualidad representada por los dos peces en la constelación, a menudo ven las dos caras de la moneda antes de llegar a una conclusión. Nada es blanco o negro para ellos, todo es más complicado y requiere mayor reflexión que un simple sí o no como respuesta. Debido a lo abiertos de mente que son, no es raro que posean talentos artísticos y musicales, aunque ser Piscis no asegura que se sea un buen músico o artista, pero puede suponer que las aprecie. Se les suele describir como empáticos, que en cierta manera lo son, pero no por las razones que la gente cree. No tiene nada que ver con que sean más emocionales o blandos que los otros zodiacos. Como los peces son producto del medio ambiente, los Piscis son muy sensibles a los cambios en su entorno, lo que se puede traducir en empatía cuando la gente está involucrada con ese entorno.

Acuario (20 de enero–18 de febrero)

La imagen de Acuario es normalmente la de un joven vertiendo su ofrenda de agua con gesto servicial. Este signo es muy interesante porque, aunque técnicamente sea un signo de aire, tiene una conexión muy estrecha con el agua. Una parte central de Acuario es la idea del renacimiento y la purificación. *Desapego* podría ser una palabra utilizada a menudo para describir a este signo, transmitiendo una imagen de frialdad e incluso indiferencia. Pero esto es solo una descripción superficial de su personalidad, ya que la realidad es mucho más profunda y compleja. Este signo puede ver las cosas como realmente son, sin prejuicios ni sesgos. Esto es debido a sus propiedades purificadoras que les otorgan la habilidad de ver más allá de la suciedad de las características superficiales de una persona. Esta cualidad con frecuencia les proporciona mayor inteligencia y conciencia de sí mismos. Realmente es muy difícil precisar los rasgos de este signo solar porque en la filosofía griega tradicional, el sol y Saturno (el regente tradicional de Acuario) son enemigos mortales. Con Acuario (un producto de Saturno) como signo solar, puede provocar una confusión interna, dificultando al individuo entender quiénes son a medida que crecen o incluso pueden llegar a sentir que poseen muchas personalidades enfrentadas. Además, debido a la pérdida del sol (la estrella que trata sobre el individuo), puede que tiendan a estar más preocupados por los demás que por ellos mismos, valorando las necesidades del grupo por encima de las suyas. Esto se relaciona de nuevo con la capacidad de separar la razón de las emociones, de manera que son pensadores lógicos. Aunque esto es una herramienta fantástica cuando nos enfrentamos a decisiones difíciles, este signo puede tener dificultad sintiendo o aceptando sus propias emociones. Puede que se olviden cuándo está bien ser emocional y cuándo es mejor mantener una conducta más despegada. Esto puede causar problemas en las relaciones, especialmente las románticas.

Capricornio (22 de diciembre– 19 de enero)

A Capricornio le afecta su regente planetario, Saturno, más que ningún otro signo del Zodiaco. Su relación con Saturno es muy interesante, ya que se asemeja a la de un padre estricto con un hijo ambicioso y extrovertido. El estereotipo de este signo es la tozudez motivada por una ambición cegadora. Como el típico hijo de un padre reprobador, un Capricornio intentará demostrar su valía por encima de todo. La mayoría de las descripciones de este signo tienden a concentrarse en los aspectos negativos de su personalidad, como falta de creatividad y alegría. Esto se debe sobre todo a la época de su signo, que tiene lugar por completo en el invierno profundo cuando el signo solar tiene menos poder sobre su personalidad desembocando en la creencia de que carecen de los rasgos característicos asociados con la luz y el sol. Esto es una equivocación, ya que, aunque es evidente la debilidad del sol, el signo solar no lo es todo. Como discutiremos más tarde, un individuo está compuesto por mucho más que simplemente su signo solar, pero en este caso, debido a la falta de potencia del sol, los Capricornio tienden a depender mucho más de sus otras casas. Por esta dependencia se considera a las personas de este signo muy misteriosas, no por ser calladas o pensativos, sino porque son más complicadas y maleables. Para entenderlas realmente y *descubrir el misterio* es necesario tener en cuenta su carta natal completa, dando más peso a los otros aspectos de la carta. Por norma general, los Capricornio tienen infancias más difíciles que otros, no necesariamente por influencia externa. Pueden tener una infancia aparentemente perfecta desde el exterior, pero igualmente sienten un conflicto interno debido a sus propias razones personales. A este signo se le conoce por prosperar una vez en la vida adulta y la madurez tras haber aprendido valiosas lecciones vitales de su infancia problemática. Se les describe a veces como maduros para su edad, aunque se subestime a veces su experiencia.

Sagitario (22 de noviembre – 21 de diciembre)

Dando un giro radical encontramos al hermano de Capricornio, Sagitario, al que se le describe como jovial y energético. Muchos de sus rasgos radican en su regente planetario, Júpiter. Una forma común de describirlos sería como si estuvieran en búsqueda de la sabiduría y, aunque esto puede ser verdad, está basado en la correlación en vez de en la causalidad. A las personas de este signo les encanta dedicarse en cuerpo y alma a todo lo que hacen, ya sea información y conocimiento o algo completamente diferente. Les gusta hacer las cosas a lo grande y no dejan las cosas a medias, *o se hace bien, o no se hace* podría ser su lema. Si nos fijamos en el arquero, el símbolo de Sagitario, podemos percibir su compromiso. Igual que una flecha que no puede frenarse o pararse una vez se ha lanzado, una vez un sagitario empieza algo, no hay forma de pararles hasta que cumplan con su cometido. Tampoco reconocen las restricciones, son espíritus libres. No les gustan nada las ataduras o lo estricto, les gusta vivir según sus reglas. Otra de sus características es la honestidad, la flecha es brutalmente clara y honesta. Por supuesto, este signo tiene otra cara, pero rara vez se comenta. A pesar de que el regente de Sagitario es Júpiter, a veces exhibe cualidades como las de Marte y esto se puede ver incluso en su símbolo, que no es solo un arquero, sino también un centauro. El centauro es una criatura mitológica interesante que arroja una luz diferente a este signo. Como ser de la guerra, le otorga un lado más bestial o violento a Sagitario de lo que se suele asociar a este signo en los medios de comunicación convencionales. Debido a sus habilidades de raciocinio, esta cara no se muestra a menudo, que es probablemente lo mejor. Es la combinación de la templanza de Júpiter con la bestialidad del centauro la que permite un signo bien equilibrado como este.

Escorpio (23 de octubre– 21 de noviembre)

Escorpio es sin duda el signo más vilipendiado del Zodiaco, a menudo descrito directamente como oscuro y maligno. Pero, por supuesto, no es tan sencillo como parece. Ningún signo del zodiaco es exclusivamente bueno o malo; el Zodiaco es simplemente una serie de características probables que se alteran y distorsionan con cada individuo. Escorpio es un signo interesante porque está regido por Marte, un planeta conocido por generar atributos y cualidades asociadas con la agresión, ya que es el dios de la guerra. Sin embargo, Escorpio también es un signo de agua, signos a los que se les relaciona más con la tranquilidad y la serenidad. Pero un sunami puede destruir una ciudad y un río puede desgastar una roca. La presencia de Marte en este signo puede sacar las cualidades más feroces del agua, así que, mientras que Escorpio puede ejercer el mismo poder y daño que un sunami, también son capaces de mantenerlo oculto hasta el último momento. De la misma manera que la formación de un sunami es indetectable desde un barco en el océano, puede que sea imposible advertir la ira de un Escorpio hasta que se libera provocando el caos. Esto pone sobre la mesa otras de las características comunes de los Escorpio: una energía indetectable. Las personas de este signo prefieren reservar esta energía para temas importantes, pero sigue estando ahí, creando una especie de magnetismo que puede que el resto de gente ni siquiera note hasta que son completamente atraídos por este signo. También es interesante, y en cierto modo contradictorio, que el poder más fuerte de este signo es su paciencia. Podría suponerse que con Marte como planeta regente, estos individuos fuesen propensos a tomar decisiones impulsivas, pero no es el caso, ya que los Escorpio son mucho más resueltos que impulsivos. Esto se muestra en el simbolismo de Escorpio en la mitología, donde son protectores o guardianes de lugares o personas. También puede pensar en cómo caza un escorpión como un indicativo de su temperamento. Son depredadores feroces, pero no acosan ni matan a sangre fría a su presa, sino que esperan pacientemente a que una víctima caiga en su trampa. Este signo también comparte una característica con su hermana Virgo: ver más allá de lo superficial. Escorpio es impasible y puede calar a cualquier persona y sus falsedades.

Libra (23 de septiembre – 22 de octubre)

A Libra se le asocia normalmente con el orden y el equilibrio, en parte por el propio símbolo del signo. Aunque esto es verdad, no suele ser por las razones que la gente se imagina. A pesar de que su símbolo es una balanza en equilibrio perfecto, este rasgo bien conocido esconde mucho más de lo que parece. Este atributo se debe al hecho de que, durante el tiempo de Libra, el sol vuelve a su órbita para brillar sobre el ecuador que devuelve a la noche y el día su simetría perfecta. Esta nivelación es la fuente de innumerables simbolismos de armonía y equilibrio. En la mayoría de las sociedades antiguas, este periodo era un momento de reflexión sobre el estado actual de los negocios y para decidir lo necesario relacionado con la cosecha de la temporada siguiente. A la gente de este signo se le considera como los más moderados del Zodiaco, alejándose de extremos y excesos. La balanza se usaba a menudo en la cultura griega como símbolo de ley y juicio y se refleja en que muchos Libras están dotados para el análisis y el razonamiento imparcial, siendo justos en sus decisiones y opiniones. Uno de los valores más importantes para este signo es su sentido innato de la justicia, para ellos y para otros. Harán prácticamente cualquier cosa con tal de asegurarse de que se toma una decisión justa para todas las partes. También son fieles a sus valores y, aunque no les interesan los extremos, son los primeros en dar su opinión frente a tendencias opresivas. A pesar de que parecen un signo atractivo, estos individuos pueden ser una fuerza imparable si creen que alguien está siendo maltratado, por eso pueden ser abogados increíbles (como vemos en los medios convencionales), así como profesores, agentes de policía, líderes políticos e incluso cabecillas de revoluciones. Aunque su descriptivo más común sea "moderado", no piense que esto les convierte en aburridos o débiles. En realidad, cuando se desafía a este signo puede ser bastante feroz. Lo más interesante de Libra es su planeta regente, Venus, al que se le suele describir con palabras como *pasión* y *amor* que, superficialmente, parecen contradecir sus características mencionadas previamente. De hecho, este planeta solo añade una segunda capa a la personalidad de este signo, donde crea una necesidad de sentirse apreciado por sus iguales, así como una gracia encantadora que es beneficiosa para desempeñar empleos adecuados para este signo. Por desgracia, las contradicciones entre Venus y Libra pueden desembocar en problemas en sus relaciones, especialmente por sus rasgos menos deseables. Estas características más problemáticas están relacionadas con el hecho de que la vida no es intrínsecamente justa o equilibrada y Libra puede estancarse en aquellas cosas que no pueden mejorar para que sean más equitativas. Suelen ser negociadores brillantes, pero puede que usen esta habilidad a veces en su propio beneficio sin percatarse de ello. Esto supone un contratiempo cuando alguien saca a relucir su sesgo, ya que las personas de este signo identifican esto como una falta de perspectiva de la otra persona en vez de una falta propia. Su determinación a veces viene acompañada, por desgracia, de tozudez.

Virgo (23 de agosto – 22 de septiembre)

Sin lugar a dudas, Virgo es el signo con las descripciones más estereotipadas y falsas. A menudo se les describe como astutos, fríos y estridentes y rara vez se les aprecia, pero, por supuesto, esto es algo superficial y es necesario investigarlos a fondo. Según las sociedades antiguas, los dones de Virgo son gracia, pureza, gran diplomacia y dominio de la palabra. Conocidos por su timidez en sus años formativos, los Virgo a menudo subestiman su talento y habilidad, lo que hace que otros crean que son menos de lo que en realidad son. Algunos de los rasgos negativos que se les atribuye también es ser fríos o secos, pero esto no son necesariamente debilidades, sino que pueden ser todo lo contrario. La habilidad de afrontar la vida de forma clara sin que los sentimientos ni las emociones les nublen puede ser muy beneficioso. Un rasgo que suele sorprender a la gente es que los Virgo son muy creativos, pero debido a su timidez las personas de este signo prefieren no mostrar su creatividad más allá de amigos cercanos y familiares y a menudo pasa desapercibida. Es un tipo de creatividad diferente, intentando alcanzar la perfección, pero aún así hermosa y brillante. Estos individuos pueden crear fotografías perfectamente equilibradas o fantásticos diseños de interiores, mientras que los signos creativos más conocidos tienden a estar más inclinados a formas artísticas más caóticas, como la pintura y la escultura. Los virgo prefieren el orden y encontrar la belleza en la perfección y la pulcritud. Mientras que, como hemos comentado, una de las grandes ventajas de este signo es el razonamiento claro, muchos lo malinterpretan como si fueran insensibles y antipáticos. Nada más lejos de la realidad, los virgo son a menudo muy dulces y considerados, valorando las necesidades de los demás por encima de las suyas. Este signo tiene un talento innato para tomar buenas decisiones muy rápido. Un problema común en los signos de tierra es su tozudez e inflexibilidad, pero esto se ve compensado con la rapidez del regente planetario de Virgo, Mercurio. Virgo es conocido por su falta de paciencia para temas abstractos sin uso práctico, ya que prefieren entender ideas que son útiles y tienen una aplicación práctica. Puede ser que, para compensar, tampoco se centren en alcanzar una perfección poco realista. Puede parecer contradictorio respecto a sus tendencias creativas, pero a pesar de que intentan conseguir la perfección, conocen los límites de los demás y los suyos propios, por lo que su objetivo es alcanzar el punto de perfección dentro de sus capacidades. El hecho de que sea un signo de tierra vuelve a la gente de este signo muy realista en vez de idealista. Los Virgo son muy trabajadores y se puede depender de ellos para obtener un buen trabajo de forma consistente, pero también esperan lo mismo de los demás aunque no todo el mundo pueda estar a la misma altura que ellos.

Leo (23 de julio – 22 de agosto)

A los Leo se les considera los *reyes* del Zodiaco. Con el sol como su regente planetario, este signo recoge todas las ventajas de los dones del sol. La característica más prominente de Leo es su símbolo, el siempre poderoso león. En multitud de textos antiguos se utiliza a este animal como símbolo de poder, fuerza y liderazgo. No es extraño que luchar con un león se considerase un acto de los mayores héroes en la mitología antigua. Este es uno de los pocos signos cuyos estereotipos se acercan más a la realidad, ya que los Leo suelen ser individuos valientes. La equivocación radica en que tienen que tener coraje frente a las adversidades físicas cuando, en realidad, esta valentía se puede mostrar de formas mucho más variadas y complicadas, como probando cosas nuevas o inquietantes o combatiendo algún tipo de bestia interna como un trastorno mental o enfermedades. A pesar de todo este poder y fuerza percibida, los

Leo pueden ser muy sensibles. Cuando se trata de sus enemigos, Leo puede percibir rápidamente insultos en un lenguaje completamente normal o imaginarse ataques y amenazas. Su rapidez para atacar no viene precisamente de su coraje, sino de su ego cegador. Están en muy buena sintonía y son conscientes de sus propios sentimientos, pero les cuesta una barbaridad entender los de los otros. Leo goza de poco autocontrol sobre sus acciones y se podrían beneficiar de la compañía de un signo de tierra para que equilibre sus impulsos básicos. En las columnas del Zodiaco de los medios convencionales se suelen alardear de las características de Leo, pero raras veces se oye hablar de su lado oscuro. Porque con todo este poder y coraje aparece una tendencia al abuso y, unido a la falta de entendimiento de otras personas, suele desembocar en un brutal y violento ataque injustificado. Esta característica es muy común entre los Leo, aunque pueda sorprender a los lectores, pero realmente tienen una inclinación malévola. Combinada con sus otras características, forma un caldo de cultivo para dictadores y demás gobernantes tiránicos.

Cáncer (21 de junio – 22 de julio)

Cáncer es un signo muy interesante, ya que es el propietario exclusivo del regente planetario, la luna. Este signo está simbolizado por un crustáceo marino, el cangrejo, y es aquí donde encontramos la mayoría de sus características: caparazón duro en el exterior con unas poderosas y aterradoras pinzas, pero blando y húmedo por dentro. Igual que el cangrejo, muchas personas de este signo tienden a ser muy duros y difíciles en el exterior, preparados para pellizcar a cualquiera que se acerque demasiado, pero en el fondo son bastante dulces y amables. El problema es lo difícil que es alcanzar esta personalidad interna, a veces tan difícil como llegar a la carne del cangrejo. Puede que necesite romper parte de su caparazón y utilizar algunas herramientas. Atravesar esta dura capa no es para cobardes, por lo que los Cáncer se toparán con muchas personas que no estarán dispuestas a romper su coraza y simplemente preferirán que les pellizquen. Por supuesto, no pasa nada, si esas personas que no se toman la molestia de superar esa barrera para alcanzar el lado dulce de Cáncer es que no se lo merecen igualmente. El cangrejo vive, en general, en las orillas de los océanos, vinculándose con las mareas y las olas, lo que se traduce en cambios de humor. Pero estos altibajos no vienen de la nada. De la misma manera que las olas rompen de una manera específica, estos cambios tienen un origen, aunque puede que escape a nuestro ojo. La realidad es que un Cáncer es mucho más sensible al mundo que les rodea y reaccionan a cosas que la gente no nota o aprecia. A veces también tienen la imagen de vagos y débiles, pero está claro que alguien que defiende esta idea nunca le ha pellizcado un cangrejo.

Géminis (21 de mayo –20 de junio)

Para el ojo inexperto Géminis puede parecer falso o hipócrita. Aunque su símbolo tenga literalmente dos caras, esa descripción no es del todo precisa. Géminis enfatiza la necesidad natural de la contradicción, es decir, no puede tener uno sin el otro. Los opuestos son necesarios en la vida. No puede haber día sin noche, agua sin fuego, tristeza sin alegría… Géminis reconoce este hecho en vez de la lucha entre contrarios. Las personas pueden sacar el máximo partido a la colaboración entre opuestos trabajando en sus fortalezas y cubriendo las debilidades del otro. Esta apreciación por los contrarios permite a este signo ser habilidoso en casi cualquier cosa que hace, desde comunicarse usando pensamientos tanto racionales como irracionales a ser creativos probando todo tipo de arte imaginable. Su habilidad para la comunicación es especialmente notable, ya que al poder ver todas las perspectivas de una situación obtienen una ventaja especial. Es mucho más fácil discutir con un contrincante si entendemos completamente su punto de vista al igual que el nuestro, y es por esta razón por la que a menudo muchos políticos y abogados diestros son Géminis. Las personas de este signo están fascinadas con aprender un poco de todo y por ello se les conoce como los todoterreno del Zodiaco. Esto puede resultar problemático, ya que, aunque quieren aprender de todo, no les interesa saber *todo* de todo, por lo que prima la cantidad sobre la calidad. Géminis posee la habilidad única de presentar sus ideales y opiniones de forma que se ajusten a las personas que le rodean, con lo que son muy buenos a la hora de hacer contactos profesionales o negocios.

Tauro (20 de abril – 20 de mayo)

Tauro es uno de los signos más antiguos del Zodiaco con su origen conectado a la celebración de la domesticación del buey, un momento en la historia de la humanidad donde hubo un aumento en la productividad agrícola y una mejora en la calidad de vida. Debido a esto, al buey se le venera por su naturaleza tranquila que esconde un poder y fuerza inmensa. Esto se refleja en una personalidad tranquila y despreocupada, afrontando los problemas despacio y con buena letra. En vez de superar un problema rápidamente haciéndose hueco a codazos, un Tauro se tomará su tiempo para planear su estrategia, lo que le permite ser productivo de forma eficaz por su sencillez. Como estudiante, por ejemplo, mientras que otro signo dejará una tarea para el último día y la completará a toda velocidad, este signo empezará a trabajar en ella lo antes posible y, aunque le lleve mucho tiempo terminarla, no se estresará ni le molestará el trabajo diario. A estos signos estelares les gusta la rutina y prefieren trabajar un poco cada día en vez de hacerlo todo de una sentada. Es difícil enfadar a un Tauro, pero una vez estallan, no hay sitio donde esconderse de su ira. La mejor descripción para una persona de este signo es *realista*, a pesar de lo que la gente piense. Como signo de tierra, este signo está anclado en la realidad y no se pierden en ensoñaciones ni pasiones. Igual que su símbolo, el toro, no se le puede forzar hacia una opinión determinada, así que, si quiere que vea las cosas de cierta manera, tendrá que guiarle amable y suavemente. No responden a la violencia; las acciones y palabras hirientes les resbalan y son extremadamente pacientes con la gente.

Si se enfadan, suelen pasar por una especie de crisis interna interesante, ya que es tan raro que se enojen que este hecho les confunde y nos son capaces de entender sus sentimientos. Debido a esta confusión, tienden a no sopesar sus acciones en este estado y puede que expresen sus sentimientos de forma física, golpeando, rompiendo y sembrando el caos en general sin poder verbalizar su angustia.

Aries (21 de marzo – 19 de abril)

Este signo coincide con un momento históricamente muy importante del año: el comienzo de la primavera o el metafórico *despertar* de la tierra. Es en este momento cuando los animales empiezan a salir de su hibernación y las cosechas empiezan a brotar. Esta época tiene fuertes vínculos con la fertilidad y el renacimiento. Como sugiere el momento de este signo (y al ser el primero del zodiaco), se le considera el despertar del resto del Zodiaco. A veces se celebraba esta ocasión anual con la figura del carnero, colocando a Aries justo en el centro de este momento fundamental del año. El sol juega un papel muy importante en los rasgos asociados con este signo: valoran mucho la honestidad y odian el engaño y les gusta que se les presente la información de forma sencilla y lógica, sin paja. En los medios de comunicación modernos se les describe como ambiciosos y, aunque es cierto, no lo son de la forma en la que la gente se lo imagina. Su ambición no significa que quieran alcanzar el poder y dominar a todos (aunque los Aries tienden a ser buenos líderes), sino que una vez se marcan un objetivo son imparables. Realmente no importa lo que quieran conseguir, sea pequeño o grande; si Aries lo quiere hacer, lo va a conseguir. Suelen estar profundamente conectados a su identidad personal y sus impulsos, es decir: no les gusta la cháchara. Las sutilezas sociales no existen para un Aries. Prefieren decir las cosas tal como son sin tener que edulcorar sus palabras. También tienen una desarrollada necesidad de libertad personal. Anhelan una falta de estructura y establecer sus propias reglas. El inconveniente de esta característica es que a veces puede llevarle a aplastar las libertad de otros, no adrede, pero como consecuencia de su incapacidad para frenar. A este signo muchas veces se le define como aventurero e intrépido y, aunque se suelen dar estas características, no es por el hecho de ser aventurero, sino por su constante e incesante necesidad de estimularse con nuevas experiencias y actividades. Aries es un signo de fuego y es muy fácil ver por qué. La mayoría de estos individuos tendrán cierto dinamismo y extroversión que podría eclipsar al sol.

Capítulo 3: La carta natal: ¿qué es y cómo la interpreto?

Prácticamente todo el mundo al que le interesa la astrología ha oído hablar de la carta natal o astral. Puede parecer un sistema muy complicado con matemáticas y estimaciones más allá de las capacidades de una persona de a pie, pero no es así. Puede resultar un poco complicado planear algunos aspectos de la carta natal. Lo más básico se reduce a cada alineación planetaria en la fecha de su nacimiento. En este capítulo vamos a desglosar cada parte de su carta astral y cómo afecta cada aspecto a su vida diaria. También incluiremos un ejemplo de una carta natal con sus estimaciones de una fecha, hora y lugar al azar, así como ejemplos reales en los que estos diferentes planetas pueden afectar a la gente en diversas situaciones.

El sol

Esta es la parte que todo el mundo conoce, especialmente si ha leído el segundo capítulo que iba sobre este signo. Su signo solar está basado en la constelación en la que se encontraba el sol el día de su nacimiento. Normalmente a este signo se le da la mayor importancia porque se supone que representa lo más básico de su personalidad (su ego, su yo interior). Parecido a la posición del sol en nuestro sistema solar, todos los signos solares dependen de este astro. Algunos astrólogos entienden su horóscopo como un cuadro de usted y, dentro de esta analogía, el signo solar es el boceto de su contorno antes de empezar a pintar. Es de suma importancia, pone las bases de cómo será el cuadro, pero no está completo para nada.

La luna

Si el sol es el contorno de su autorretrato, la luna es la paleta de colores. Podría decirse que la luna es tan importante como el sol en su carta natal. Su signo lunar describe cómo siente y expresa sus emociones y además cubre aspectos de su persona que ni siquiera usted es consciente que están ocurriendo, como pequeños hábitos en su día a día. También muestra sus necesidades básicas de afecto y cómo se siente más querido. Debido a la conexión de la luna con la feminidad y la fertilidad, también predice la relación del individuo con las mujeres en su vida. Esto es distinto a las relaciones románticas influidas por Venus. Es más probable que la luna dictamine las interacciones con su madre.

Mercurio

Mercurio controla nuestro lado inteligente, predice nuestra racionalidad o la falta de esta. Nos proporciona nuestras habilidades a la hora de hablar, escribir y la memoria. Mercurio a menudo afecta en gran medida cómo aprendemos o absorbemos información. Saber el signo de un niño en Mercurio es muy útil para entender cómo les va en el colegio y cómo podemos ayudarle.

Venus

Venus nos muestra cómo amamos y sentimos el amor de otros. Hay gente que piensa que actúa de forma diferente en sus relaciones románticas que en las demás. El planeta Venus es poderoso debido al poder que asociamos como sociedad al romance y al amor. Este planeta no solo afecta a su vida amorosa, sino que también influye en la forma en la que aprecia la belleza, como sus gustos en arte y hermosura. A este planeta también se le conoce por su relación con el placer, por lo que está conectado con lo que le gusta hacer para divertirse. Debido a la fuerza femenina de este planeta, también predice lo que el individuo podría considerar como la mujer ideal. Dentro de la carta astral de una mujer, esto supone el tipo de mujer que quieren ser, mientras que, en el caso de un hombre, es el tipo de mujer por el que se siente atraído.

Marte

Mientras que Venus está más relacionado con el espíritu de una persona, Marte está más vinculado con sus acciones. Marte a menudo predice su libido y su tendencia a la lujuria. Es la pasión tras el sexo, la ira antes de una pelea y la energía antes de una carrera, el compromiso a la acción antes de que ocurra. Estos son ejemplos extremos, pero Marte es un planeta extremo. Si alguna vez ha tomado una decisión impulsiva que estaba fuera de su conducta normal, puede que fuese culpa de Marte.

Júpiter

A menudo se considera en astrología a Júpiter como un signo de suerte y optimismo. La fuerza de Júpiter en su carta puede predecir la suerte, o ausencia, que tendrá en su vida. Como personas vivimos la suerte en diferentes aspectos de nuestro día a día, una persona rica puede que sea bella, o viceversa. Así que, aunque sea un signo de suerte según la constelación, puede reflejarse de formas diferentes. Este planeta también gobierna nuestra perspectiva filosófica del mundo y cómo vemos el conocimiento más profundo y menos práctico. También predice dónde invierte la mayor parte de su tiempo en su vida, es decir, expresa qué tipo de cosas son más importantes para usted.

Saturno

No todos los planetas promueven cualidades positivas en su signo. A Saturno se le considera tradicionalmente como el planeta *malvado*. Aunque no tiene por qué ser verdad, es fácil entender por qué la gente lo piensa igualmente. Saturno está encargado de mantener el equilibrio en el Zodiaco, por lo que a veces tiene que ser *malvado* para bloquear el exceso de otros planetas. Este *bloqueo* es lo que lleva a la gente a identificar a Saturno como negativo, ya que lo interpretan como la destrucción de los sueños. Esto es, por supuesto, una creencia superficial, si profundiza en este planeta descubrirá que en realidad es la causa de la motivación del espíritu humano. Las dificultades y obstáculos que provoca Saturno son en realidad semillas de la motivación necesaria para que el individuo complete o logre sus sueños. En vez de maldad, es más adecuado describir la influencia de Saturno como mano dura.

Planetas trascendentales

Se conocen a Urano, Neptuno y Plutón como los planetas transcendentales porque no forman parte de los planetas originales de la astrología tradicional, donde solo se incluyen los planetas visibles al ojo humano. Esto no significa que estos astros sean inútiles, sino que tienen menos impacto en un individuo debido a su distancia con la Tierra. Tienden a mostrar energías más filosóficas que los planetas principales (es más difícil ver el efecto que tienen en una persona).

Urano

Urano promueve la energía de la singularidad de una persona, así como la inclinación a tener ideas repentinas y soluciones creativas.

Neptuno

Potencia nuestro deseo de escapar. Neptuno a menudo nos impulsa a leer extensos libros sobre aventuras mágicas o invertir tiempo alejados del estrés del día a día.

Plutón

Debido a la órbita lenta de Plutón, hay generaciones enteras que comparten su signo estelar con este planeta. Debido a esto se le asocia con las similitudes generacionales.

Estas son descripciones muy básicas sobre el impacto de estos planetas y hay muchos más aspectos distintivos en la carta natal de un individuo. Los discutiremos a medida que vaya entendiendo su propia carta astral con el ejemplo siguiente.

Ejemplo de una carta natal

Nombre: Juan

Fecha de nacimiento: 8 de octubre, 1962

Hora: 04:00 EST

Lugar: San José, California

1) Para comenzar su carta astral necesita saber la fecha y hora exacta de su nacimiento, así como el lugar. Si no conoce la hora será difícil descifrar el ascendente de su signo.

2) Para empezar a calcularla necesita saber dónde están las constelaciones y los planetas dependiendo de la fecha y la hora. Esto puede resultar una ardua tarea para alguien que no está bien versado en astronomía, por lo que puede que deba acudir a una página web o astrólogo profesional para determinar los signos de su carta.

3) La mayoría de las cartas natales comienzan con una tabla con las ubicaciones exactas de cada planeta en cada signo.

De izquierda a derecha podrá ver un planeta, un signo y unas coordenadas. El signo es la constelación en la que se encuentra el planeta y definirá las características de esa porción de su personalidad. Las coordenadas son el lugar astronómico exacto del planeta.

El sol en Libra

El sol expresa las formas más básicas de la personalidad de un individuo y cómo maneja su día a día.

Para leer más sobre Libra como signo solar, vuelva al **Capítulo 2: Libra.**

La luna en Acuario

El signo lunar expresa las emociones y cambios de humor inconscientes de un individuo.

Acuario como signo lunar tiene habilidades de observación extremas. Estos individuos están muy interesados en las motivaciones de las acciones humanas, aunque puede que no lo expresen directamente. Pueden parecer tímidos o distantes, especialmente en su infancia. Aunque les gusta estar rodeados de gente, a menudo se sienten diferentes de aquellos a su alrededor. Respecto a su familia, estos individuos se solían rebelar en su juventud y una vez comienzan su propia familia se enorgullecen enormemente de sus hijos y pareja. Una vez maduran, los acuario lunares tienden a creer que los sentimientos poco prácticos y complicados son innecesarios y presumen de ser capaces de mantener la cabeza fría. Por ello pueden tolerar prácticamente cualquier ideología u opinión que defiendan sus personas queridas. No importa lo alejados que sean estos ideales de los suyos propios, estos individuos pueden dejar a un lado sus diferencias en aras de la familia. Este signo es muy tozudo, especialmente en lo que respecta a su carácter o comportamiento y son capaces de hacer algo solo porque alguien les dijo que no lo hicieran.

Mercurio en Libra

Mercurio controla la forma en la que nos comunicamos con los demás.

La gente con Mercurio en Libra tiene muy buen juicio, ya que sopesan todas las opciones posibles antes de tomar una decisión. Por ello puede que confíen más de lo normal en sus decisiones y, por tanto, expresan sus resoluciones de forma clara y concisa. Escuchan cuidadosamente todos los puntos de vista y señalan las irregularidades antes de llegar a una conclusión. Incluso cuando toman una decisión, prefieren expresar la validez de ambos extremos.

Venus en Escorpio

Venus controla cómo manejamos los romances y apreciamos la belleza.

Estas personas a menudo atraen a sus parejas con su intensidad y no tienen miedo al compromiso. El atractivo de este signo radica sobretodo en su dedicación y lealtad intensa. Las relaciones con estos individuos no son para los que quieran algo rápido, divertido e independiente.

Marte en Cáncer

Marte controla la implicación en la acción y la energía.

La combinación de este planeta y este signo inclina a estas personas a una naturaleza pasivo-agresiva. Aunque prefieren afrontar situaciones de forma tranquila, si se encuentran acorraladas tienden a exhibir sus emociones de forma explosiva. Su fortaleza reside en su paciencia. Prefieren ganar tiempo antes de atacar para encontrar el momento idóneo.

Júpiter en Piscis

Júpiter se encarga de nuestra suerte y optimismo a lo largo de nuestras vidas.

La fortuna les sonríe cuando hacen el bien. Ser caritativos, entregados y compasivos les suele traer buena suerte.

Saturno en Acuario

Saturno es la fuente de la motivación y dicta cómo se usa.

Este individuo se entregará por completo a sus estudios a no ser que su familia no pueda mantenerlo. En este caso, esta persona se responsabilizará y aprenderá por su cuenta de forma práctica. Es particular con su trabajo y se concentra en ello. Puede que disfruten de la compañía de gente con más experiencia vital para poder aprender sobre el mundo.

Urano en Virgo

Les interesa encontrar soluciones poco comunes a los problemas.

Neptuno en Escorpio

No les interesa lo superficial y prefieren las cosas prácticas.

Plutón en Virgo

Les es sencillo absorber información.

Ascendente en Virgo

El ascendente es un indicador de cómo actuará alguien en su vida; es un símbolo de cómo le verán otros a usted y su actitud en la vida.

A estos individuos les importa muy poco su apariencia y según la gente con la que se encuentren se mostrarán tímidos, aunque puede que se interprete como frialdad o discreción. Por lo general son muy conscientes de su cuerpo, por lo que se les dan muy bien los deportes que requieren el uso completo de su cuerpo como el baile, las artes marciales o la gimnasia. Estos signos también prestan mucha atención a los detalles y a menudo notan particularidades que se les escapan a los demás.

Las doce casas

Además de todos los signos planetarios previos, las cartas natales también incluyen lo que se conoce como *casas*. A estas casas se las puede describir como gafas de sol con lentes de colores diferentes para cada signo. Predicen cómo percibirá y experimentará diferentes eventos vitales comunes o en comparación con otras personas. Por lo que, aunque usted y otra persona estén presenciando la misma situación, puede que lo estén viendo de forma muy diferente debido al signo en esa casa.

Nota: El ascendente toma la posición de la primera casa, de manera que empezaremos por la casa II.

La casa II en Virgo

La casa II representa los valores materiales y cómo se siente uno respecto a sus posesiones.

Las personas con el sol en su segunda casa tienden a sentirse orgullosas de sus posesiones y tienen una necesidad acentuada de sentirse seguros en la vida. Esta persona cumple sus promesas y es muy fiable. Puede que sea impulsiva en sus hábitos de compra.

La casa III en Libra

La casa III representa la forma en la que aprende la gente.

Estos individuos prefieren aprender a través de relatos, por lo que se pueden rodear de personas mayores para aprender de sus experiencias vitales.

La casa IV en Sagitario

La casa IV es la forma en la que la gente valora la familia y predice las raíces que pueden echar.

Lo más probable es que se enamoren de alguien de algún lugar lejano y se marchen para vivir allí con esta persona.

La casa V en Capricornio

La casa V controla la expresión personal, los pasatiempos y el juego.

Estas personas son muy serias y calculan cada posibilidad antes de tomar una decisión y prefieren no arriesgarse.

La casa VI en Acuario

La casa VI predice cómo manejamos el aprendizaje mediante transacciones.

Pueden tener problemas circulatorios.

La casa VII en Piscis

La casa VII pronostica cómo actúa una persona en las relaciones personales.

Estas personas pueden lanzarse al matrimonio o a emparejarse.

La casa VIII en Piscis

La casa VIII representa la seguridad emocional de una persona.

Puede que tengan problemas responsabilizándose de temas difíciles como la intimidad, la muerte o las finanzas. Aunque quieran evitar estos asuntos deben afrontarlos.

La casa IX en Aries

La casa IX hace referencia a cómo afectan las lecciones a la identidad personal.

Estos individuos deberían asumir riesgos cuando viajan.

La casa X en Géminis

La casa X simboliza el tipo de trabajo que realizará en su vida y será muy importante a medida que se haga mayor.

Lo más probable es que acabe en una profesión que requiera muchos cambios y variaciones a lo largo del día.

La casa XI en Cáncer

La casa XI nos dice dónde se encuentra más segura una persona.

Este individuo mantendrá amistades de por vida, superadas únicamente por la familia.

La casa XII en Leo

La casa XII controla la experiencia de la persona respecto a la educación.

Podría tener problemas con la autoridad.

Es posible que haya notado que algunos aspectos se han explicado en profundidad mientras que otros constan de una única frase. Esto se debe a que gran parte de la carta astral coincide entre sí, por lo que supondría repetir la misma información en varios párrafos diferentes. En cambio, hemos presentado únicamente las diferencias más importantes entre cada parte de la carta. Podrían incluirse muchas cosas más en una carta natal, de hecho, hay libros enteros que se dedican únicamente a este elemento. En este capítulo hemos incluido únicamente las partes más importantes y prácticas para entender la vida diaria. En el siguiente capítulo profundizaremos en cómo puede ayudarle esta carta a entender a la gente a su alrededor.

Capítulo 4: El ascendente y cómo afecta a nuestras acciones y elecciones diarias

En este capítulo empezará a entender cómo están conectadas las acciones y elecciones que toma (aunque no sea consciente de ello) con su ascendente. También puede ayudarle a entender las acciones de otras personas y las razones por las que reacciona de cierta manera en determinadas situaciones. A continuación, nos centraremos en el Zodiaco ascendente de su carta natal.

El ascendente

Al ascendente se le considera como uno de los elementos más importantes de su carta astral. Según el ascendente, la personalidad de una persona puede ser completamente diferente a lo que sugiere su signo estelar. Predice cómo afrontamos situaciones diarias y nuestras reacciones automáticas a estas. Hemos discutido anteriormente una interpretación muy básica de cómo los diferentes signos ascendentes reaccionan a su entorno. Por favor, recuerde que la personalidad de un individuo se basa en muchas más cosas que simplemente estas estimaciones aproximadas.

Aries

El ascendente Aries prefiere actuar en vez de esperar. No suelen pensar antes de apresurarse a completar la tarea que tienen entre manos. Son independientes y tienen poca paciencia con las personas, las situaciones lentas o que les hacen perder el tiempo. A la hora de tomar decisiones es probable que escojan la primera opción que les ofrecen o la que le permita completar su cometido lo más rápido posible. A pesar de su impaciencia, siempre tienen una sonrisa para todo el mundo.

Tauro

Su frase favorita es «*no por mucho madrugar amanece más temprano*». No son del tipo de persona que se apresura o toma decisiones precipitadas. Son muy fiables, tienden a resistirse al cambio y tienen costumbres muy arraigadas. La primera reacción de un ascendente Tauro cuando se enfrenta a una situación complicada es examinar y sentir su entorno. Absorbe la escena, los olores y las cualidades prácticas de la vida. Estos individuos son bastante tenaces y, por tanto, pueden ser bastante inflexibles.

Géminis

El ascendente Géminis es curioso y le interesan los atributos sociales de la gente que les rodea, por lo que les puede interesar la sociología. Este tipo de persona hace mil y una preguntas antes de tomar una decisión. En algunas ocasiones se centran demasiado en su agilidad mental y puede que olviden demostrar a las personas de su entorno que les importa su bienestar, por lo que resultan indiferentes y desagradecidos. Pero a aquellos con un signo de aire les resultará más sencillo entenderles. A los ascendente Géminis les encanta compartir su sabiduría y suelen pasar el tiempo explicando diversos temas, desde ideales teóricos a asuntos del mundo físico, por lo que algunos pueden ser maravillosos profesores. A pesar de su sed de conocimiento, este signo en ascendencia puede tender a la falta de concentración, por lo que pueden necesitar constante estimulación para mantener la atención.

Cáncer

Suelen desprender una sensación cálida y de comodidad y coinciden con el perfil de *la chica de al lado*. Los ascendente Cáncer son muy sensibles a su entorno y, como resultado, se aturden en público. Al enfrentarse a situaciones difíciles, su primer instinto es protegerse, por lo que parecen tímidos y callados. En las relaciones prefieren que sus parejas sean fuertes y estables y que puedan confiar en su habilidad para cuidarles, ya sea emocional, física o económicamente.

Leo

Los ascendente Leo destacan en la multitud, emitiendo una energía que es difícil ignorar. A veces llaman la atención por ser ruidosos o alborotadores, otras por su apariencia externa y otras veces por una especie de magnetismo que atrae a la gente. Estos individuos están constantemente pendientes de lo que los demás piensan de ellos y pueden sentir como si siempre estuvieran en un escenario. Tienden a ser dramáticos y vivir con excesos, siendo este rasgo uno de sus mayores problemas. Disfrutan de grandes gestos, como pedirle matrimonio a alguien por las pantallas en un evento deportivo multitudinario o pedir perdón a alguien subiéndose a un escenario frente a cientos de personas.

Virgo

Tienden a ser sutiles y reservados en su apariencia externa y sus gestos (todo lo contrario al anterior signo). Al afrontar decisiones peliagudas prefieren tomarse su tiempo para absorber la situación antes de llegar a un dictamen. En ocasiones este rasgo les hará parecer fríos o distantes, pero en realidad solo necesitan conocer más sobre la situación y de usted. Conocen su cuerpo a la perfección y saben instantáneamente cuando algo está mal y deben hacer algo al respecto. A muchos les preocupa la salud cuerpo-mente, por lo que disfrutan de aficiones como el yoga o la meditación.

NEWARK PUBLIC LIBRARY
121 HIGH ST.
NEWARK, N.Y. 14513

Libra

Son muy agradables, y se les percibe como amables, justos y con facilidad para hacer amigos. A pesar de su conducta cordial, estos individuos tienen un largo historial de relaciones complicadas. A veces se les puede describir como *monógamos empedernidos,* ya que parecen encadenar una relación con otra. Son cuidadosos con su aspecto, siendo su imagen lo más importante. Escogen cuidadosamente cada mañana su ropa y su peinado. Pueden llegar a ser muy persuasivos, por lo que suelen ser profesionales de *marketing* y ventas excepcionales. Al tener que enfrentarse a una situación difícil intentan llegar a un acuerdo mutuo que beneficie a ambas partes.

Escorpio

Suelen tener una presencia imponente y de liderazgo y siempre están rodeados de un gran grupo de amigos o de uno de enemigos. No pasan desapercibidos y la gente o los odia o los ama. Son personas muy privadas que quieren controlar por completo su entorno. A la hora de tomar decisiones complicadas prefieren planificar sus acciones.

Sagitario

Les encanta la aventura y experimentar cosas nuevas. A menudo pasan toda su vida intentando alcanzar metas completamente fuera de su alcance, aunque tampoco sabrían exactamente qué hacer si lo consiguiesen. Tienden a ser muy inquietos y a no parar. Les encanta compartir sus opiniones sobre cualquier cosa con todo el mundo. Aunque no siempre son extrovertidos, tienden a mostrar una especie de seguridad en sí mismos sean tímidos o no.

Capricornio

Los ascendente Capricornio suelen tener un sentido del humor seco que les va muy bien con su personalidad seria. Son la clase de gente que se viste para triunfar y, como resultado, lo consigue. De niños se les considera como los responsables y suelen estar a la altura de esas expectativas. A menudo adoptan un extraño sentido de tradición y valores familiares a una edad muy temprana. Les preocupa mucho su futuro y se preguntan constantemente si se esfuerzan lo suficiente. Para ellos no es sencillo triunfar, pero lo consiguen gracias a su afinidad con le trabajo duro y suelen ser protagonistas de increíbles historias de éxito, por tener infancias duras y superar muchos obstáculos en su vida.

Acuario

Los ascendentes Acuario son únicos e inigualables y a menudo poseen unas habilidades y talentos muy diferentes a los de las personas normales. Están muy orgullosos de esta individualidad y se esfuerzan por destacar de la multitud. No les sorprenden los obstáculos de la vida; tienen mucha experiencia vital y quieren que los demás lo sepan. La mayoría de los ascendentes Acuario son muy amables y simpáticos. Expresan su singularidad a través de su ropa con elementos diferentes o sorprendentes que les distinguen del resto.

Piscis

En general son personas muy flexibles que se amoldan a los demás y tienden a abrirse a todo el mundo e intentan que se sientan incluidos. Estos individuos son increíblemente influenciables y tienen una disposición a ser bondadosos. Tomar decisiones no es su punto fuerte, ya que quieren incluir todas las soluciones posibles para conformar la mejor respuesta. A los ascendente Piscis les gusta vivir libremente y ven a las organizaciones y la estructura como algo que les limita. Físicamente tienen cuerpos sensibles, con tendencia a alergias y a una hipersensibilidad a las drogas. Suelen poseer un encanto sutil que atrae a la gente hacia ellos.

Capítulo 5: Lectura del tarot: Una breve historia de este arte

El origen de las cartas del tarot coincide con el nacimiento de las cartas normales.

La versión histórica de los naipes como los conocemos hoy en día se originó primero en las sociedades islámicas antiguas.

Con el tiempo, estas cartas aparecieron por primera vez en Europa en 1375.

En el año 1440, el duque de Milán envió una carta solicitando varias barajas de cartas *del triunfo* y fueron estos naipes los que finalmente evolucionaron en el tarot moderno.

El origen del tarot comenzó como un simple juego de cartas, pero con una baraja bastante diferente a las actuales. Esta baraja constaba de cuatro palos, con cartas numeradas del uno al diez y naipes de la corte (reina, rey, caballero y sota). Además, la baraja incluía 22 cartas más con imágenes.

Este juego se jugaba parecido al bridge y se le empezó a llamar *Tarocchi,* en italiano, alrededor del año 1530.

Capítulo 6: Las cartas del tarot: Tipología de cartas y su significado más común

En este capítulo explicaremos los diferentes significados e interpretaciones de las cartas del tarot más usadas. Una baraja de naipes del tarot contiene 78 cartas, separadas en 5 secciones diferentes: arcanos mayores, copas, pentáculos (u oros), espadas y bastos (o varas). Se considera a los arcanos mayores como el núcleo de la baraja del tarot. Es una sección que, cuando se ordena, sigue la vida de la humanidad desde su origen hasta el fin de los días. Esta parte de la baraja es muy interesante porque también predice diferentes elementos de la vida de una persona.

En beneficio de este texto, describiremos brevemente cada carta de arcanos mayores y lo que significan si salen en una lectura de cartas. Si está interesado en aprender sobre todos los naipes de la baraja del tarot, le recomendamos que visite la página web labyrinthos.co, que tiene mucha más información sobre este tema.

Arcanos mayores

Esta sección del tarot contiene 22 cartas que cuentan la historia de la evolución espiritual humana. Comienza con el loco y avanza por las diferentes etapas de la vida hasta que llega al mundo. Una cuestión importante que recordar es que las cartas del tarot tienen diferentes significados si aparecen boca arriba o boca abajo. Explicaremos brevemente lo que significa cada carta:

El loco – Boca arriba

Al loco se le representa como a un joven andando descuidadamente hacia un precipicio. Este naipe normalmente representa la inocencia y la ingenuidad, ya que el individuo en la imagen no se percata del peligro que le espera. A esta carta se la considera como el número 0 (el número 0 en el tarot se le considera un número de potenciales). Se le describe como una página en blanco, sin una marcada personalidad, listo para embarcarse en un viaje que moldeará sus experiencias e ideales. Por lo general, sacar esta carta hacia arriba indica el comienzo de un viaje que le liberará de las dificultades y limitaciones de la vida. Cada día bajo esta carta se considera el comienzo de una nueva aventura que se espera con la ilusión de un niño. Sacar esta carta en una lectura significa que la persona debe recaer en su lado más arriesgado y aceptar nuevos desafíos y oportunidades.

El loco – Boca abajo

Si sale boca abajo muestra un lado más negativo de esta carta, ya que podría significar que el individuo está actuando como un loco o está ignorando los signos obvios de peligro. Este naipe suele alertar a la persona de que algo es demasiado bueno para ser verdad.

El mago – Boca arriba

El mago es una carta difícil de entender. Representa a un hombre señalando al cielo y abajo hacia el suelo, un gesto que se interpreta como «*así en la tierra como en el cielo*», que significa que la tierra refleja el cielo. En esta carta también se encuentra el simbolismo de los cinco palos de la baraja del tarot ya que el mago tiene poder sobre los cinco elementos. Esta carta encarna la fuerza de voluntad del individuo y sacarla boca arriba supone que es hora de sacarle partido a todo su potencial.

El mago – Boca abajo

Cuando se saca boca abajo puede suponer que es hora de realizar cambios en su vida. La carta del mago invertida simboliza la ilusión de grandeza, por lo que puede que haya alguien en su vida que aparente hacer lo mejor para usted, pero en realidad solo piensa en sí mismo.

La sacerdotisa (o papisa) – Boca arriba

Esta carta normalmente representa a una mujer sentada en un trono entre dos pilares que simbolizan las fuerzas opuestas de la realidad. Su ubicación entre estos indica que es la mediadora entre los dos pilares. La sacerdotisa está conectada con el conocimiento del ser interior y sacarla durante una sesión puede indicar que debe fiarse de su instinto en vez de su intelecto.

La sacerdotisa (o papisa) – Boca abajo

Sacar a la papisa boca abajo señala que tiene problemas para escuchar a su intuición, por lo que puede ser el momento de tranquilizarse y contemplar sus posibilidades en vez de seguir la ruta más lógica. Puede que haya estado ignorando las señales que le manda su intuición para poder seguir adelante con su decisión. Es posible que sienta que sus acciones contradicen sus valores internos y creencias y le confunden sus decisiones recientes. Sin embargo, si sale esta carta, debe dirigirse a su ser interior, ya que le puede mostrar el camino más fiel a sus ideales.

La emperatriz – Boca arriba

A menudo representa la fertilidad porque muestra a una mujer sentada en un trono rodeada de una naturaleza preciosa e inagotable. Se cree que esta mujer es la imagen de la diosa de la tierra y su mundo está regido por Venus, lo que indica una apreciación por la belleza, el amor y la armonía. Si sale esta carta boca arriba significa que está muy conectado con su feminidad, asociado normalmente con una personalidad cariñosa y sustentadora, pero también puede decirnos que debemos estar más conectados con nuestra sensualidad. Por lo general hay que comparar esta carta con el resto de las echadas en la sesión, ya que, si las demás parecen indicarlo, puede ser una señal de embarazo. Si no es así, simboliza el nacimiento de una nueva idea de negocio o proceso creativo.

La emperatriz – Boca abajo

Debido a sus tendencias para asistir a la gente, en gran medida indica que quiere cuidar de otros. Sin embargo, si aparece invertida supone que ha empleado demasiado tiempo haciéndose cargo de los demás y, por tanto, ha perdido algo de su fuerza y su voluntad. Puede que haya empezado a descuidar sus necesidades físicas o mentales o esté agobiando a las personas que intenta cuidar.

El emperador – Boca arriba

A esta carta a menudo se la considera la opuesta a la anterior, la emperatriz. Mientras que esta mujer gobierna con amor y cuidado, el emperador es famoso por usar la fuerza, la acción y la agresión. También representa la sabiduría de la experiencia, plasmada en su larga barba y las altas montañas del fondo representan su ambición. Sacar esta carta puede indicar que la persona en cuestión es un líder fuerte y estratega brillante o, por otro lado, podría ser un signo de firme disciplina o arraigados valores paternales, así como los ideales racionales de un hombre que sabe cómo servir a su gente. En lo que respecta a planes de futuro, este naipe implica que no se encontrará con obstáculos, siempre que afronte sus planes con la misma mentalidad que el emperador: metódica y estratégicamente.

El emperador – Boca abajo

Si aparece invertida indica el abuso de poder, ya sea usted quien ejerce su poder sobre otros o es el que recibe el abuso. En un contexto personal podría mostrar una falta de autocontrol e incapacidad para manejar situaciones difíciles.

El hierofante (o papa) – Boca arriba

Al hierofante también se le conoce como papa o sumo sacerdote. Presenta una persona con una fuerte connotación religiosa que sujeta una cruz triple donde cada una de las barras horizontales representan al Padre, al Hijo y al Espíritu Santo. A sus pies se encuentran dos acólitos que representan la transferencia de conocimiento de uno a otro. Esto se traduce en el anhelo de una estructura previa, es decir, la persona quiere ser parte de una sociedad u organización más grande que ellos mismos, como unirse a la iglesia o alguna otra organización de connotaciones ancestrales. Esto es un signo de que no debe alejarse de las tradiciones o creencias establecidas.

El hierofante (o papa) – Boca abajo

Esta carta boca abajo puede indicar que se siente demasiado constreñido por las estructuras y reglas en su vida, por lo que puede estar tentado a probar estrategias poco ortodoxas para obtener resultados tradicionales. Si le están echando las cartas a un niño, esta es la señal de que está a punto de rebelarse o está resentido por el agobio de sus padres.

Los enamorados – Boca arriba

En este naipe se muestra a una ángel bendiciendo a una pareja contenta y segura en lo que se supone el jardín del edén. Esta carta en particular desprende una armonía y equilibrio como ninguna otra. Cuando sale, puede ser la señal de una relación muy fuerte entre dos personas, ya sea romántica, de amistad o familiar. Otro de los significados que a veces se pasa por alto es el lastre de nuestras elecciones, con lo que puede que necesite pensar más en un dilema que le atañe en ese momento. A un nivel más personal, esta carta puede representar que está en un proceso de entender y discernir su sistema de creencias fuera de las normas sociales.

Los enamorados – Boca abajo

Los enamorados boca abajo plasman que está lidiando con varios conflictos, ya sean internos o externos. Hay una falta de equilibrio y armonía en su vida que está presionando y creando conflicto en la relación. Debe considerar cuál es la raíz de este asunto y por qué está presionando a la gente. Otra interpretación sería una ruptura o pérdida de comunicación fuerte con otra persona que podría estar causando un desequilibrio entre la persona y aquellos a su alrededor. Por último, otra opción sería que está evitando responsabilizarse de sus acciones, por lo que debe intentar dejar a un lado su orgullo y hacerse responsable de sus decisiones recientes.

El carro – Boca arriba

La imagen del carro tiene unas fuertes connotaciones celestiales. Exhibe a un hombre sentado en un carro tirado por una esfinge blanca y negra. Por encima de la cabeza del hombre se encuentra un toldo azul con estrellas blancas a imitación del cielo. Dos medialunas adornan sus hombros representando su influencia y poder espiritual. El color de la esfinge es importante ya que representa las fuerzas opuestas que el hombre debe aprender a dominar para alcanzar un objetivo común. Esta carta transmite que puede tener que enfrentarse a retos complicados en el futuro, pero si se centra y tiene confianza en sí mismo, los superará y crecerá con esa experiencia. También indica que la misión en la que se va a embarcar le hará exhibir una conducta que nunca antes había mostrado. Pueden sorprenderle sus propias habilidades y talento.

El carro – Boca abajo

Este naipe invertido es señal de que le falta cierto grado de fuerza de voluntad o concentración. Puede que se haya desviado del camino y necesite tiempo para recomponerse e intentar volver a encontrar su ruta. También puede significar falta de control y que se está dejando avasallar cuando sería mejor luchar por su independencia. Debería verse como una llamada de atención para que vuelva a meterse en el juego y empiece a avanzar como nunca antes lo había hecho.

La fuerza – Boca arriba

Esta es una carta especialmente interesante, ya que normalmente representaría el poder y la fuerza tradicional, sin embargo, su dibujo presenta a una mujer con pose delicada cerrando la mandíbula de un león. El león está pintado con todas las características de una bestia fuerte y poderosa y, en una dinámica interesante, la mujer está aparentemente en calma mientras cierra su boca. Esto muestra una concepción única de la fuerza que se sale de los contextos tradicionales. Su interpretación es que la fortaleza no se encuentra en la habilidad física, sino en el coraje mental sosegado que alguien con un amor y compasión inmensa puede contener. Esta carta expresa que esta persona guarda una especie de potencia interior que desconoce, pero sobresale a la hora de mantener la calma en situaciones de peligro. Esta carta también indica que esta persona es muy paciente y lo utiliza para conseguir todo aquello que se propone.

La fuerza – Boca abajo

Sacar esta carta boca abajo señala la falta de ciertas cualidades necesarias a la hora de afrontar las pruebas y tribulaciones que se le van a presentar. Indica una falta de confianza en sí mismo y de que un problema cercano va a sacudir todo su sistema de creencias. En esta línea, también puede advertir de una depresión debido a la pérdida de pasión por las cosas que antes le importaban. La fuerza invertida también puede predecir que una persona se alejará de la sociedad tradicional en los próximos meses. Es posible que le resulte complicado aparecer en eventos o actividades sociales. Lo mejor es que busque estas señales en los meses venideros y acuda a un especialista para cuidar su salud mental.

El ermitaño – Boca arriba

El ermitaño esconde unas contradicciones muy interesantes en su imagen. Normalmente presenta a un hombre anciano sujetando un farol en lo alto de una montaña nevada. La montaña, en este caso, representa los logros y éxitos. Lo que es interesante es que el hombre tiene un aspecto desaliñado y frágil, nada satisfecho con estos logros, aunque gracias a ellos ha ganado una gran sabiduría. También porta un bastón largo que representa el poder, pero también puede ser interpretado como un signo de que su misión no está completa y ahora tiene que compartir sus conocimientos y experiencia con el resto del mundo. Si le sale esta carta necesita dedicarse tiempo a sí mismo para reflexionar sobre la vida y las muchas experiencias que ha vivido. Puede estar considerando continuar su vida solo, ya sea abandonando a una pareja o a una amistad. Esta carta no pretende convencerle de hacer una cosa u otra, sino que le avisa de que debería tomarse un tiempo antes de tomar una decisión final.

El ermitaño – Boca abajo

Cuando aparece boca abajo esta carta advierte que si la persona decide viajar por el mundo solo puede que se dañe a sí mismo o a los demás. El ermitaño invertido también denota los peligros de perderse en sí mismo, ya que, aunque la auto-reflexión es buena y necesaria, si no tienen cuidado, puede que se encuentren al borde de la locura. En el espectro profesional, esta carta indica que puede estar a punto de llegar al fondo de un asunto que le estaba molestando durante bastante tiempo.

La rueda de la fortuna – Boca arriba

La rueda de la fortuna es la carta con mayor carga simbólica de la baraja. Está repleta de imágenes de significado simbólico y acciones cargadas de religión. En el centro se encuentra una rueda rodeada de diversos seres que representan cuatro signos del zodiaco, el ángel, el águila, el toro y el león, que representan a Leo, Tauro, Escorpio y Acuario. Cada una de estas criaturas sujeta un texto que representa la Torá, un símbolo de infinita sabiduría. Este naipe también contiene una serpiente que representa el acto de descender al mundo material, así como una esfinge y lo que parece ser una especie de demonio o Anubis. Estos últimos se dicen que representan el poder de los dioses y reyes, así como del inframundo. Sacar esta carta en una sesión supone que necesita reconocer que algunas cosas en la vida se encuentran fuera de su control y que la rueda de la vida continúa girando a pesar de sus acciones.

La rueda de la fortuna – Boca abajo

Esta carta invertida a menudo indica infortunio o mala suerte. Por funesto que parezca, la rueda señala que la suerte cambia como todas las cosas. Uno tiene que asegurarse de renunciar al control y hacerse a la idea de que la suerte volverá en algún momento.

La justicia – Boca arriba

El simbolismo de esta carta es bastante claro en su imagen, con multitud de alegorías a la ley, la verdad y la imparcialidad del alma. La mujer de la justicia se sienta en un trono sosteniendo una balanza en una mano y una espada en la otra. La balanza representa el equilibrio entre la intuición y la lógica mientras que la espada de doble filo representa la ecuanimidad. En su corona se encuentra un cuadrado, símbolo de la claridad. Cuando ese naipe aparece boca arriba nos advierte de que cierta decisión es de suma importancia para nuestro futuro. Otra interpretación es que sus acciones, o las de los demás, serán juzgadas por el universo muy pronto, ya sea la revelación de una verdad que se guardaba en secreto o un error que podría ser corregido.

La justicia – Boca abajo

La justicia invertida da lugar a muchas interpretaciones. Una de ellas es que la persona se niega a aceptar sus acciones o las consecuencias derivadas de ellas, lo que significa que tiene que pasar página y avanzar. Aceptar las decisiones del universo le ayudará a continuar con su vida sin obstáculos.

El colgado – Boca arriba

Este naipe muestra a un hombre colgando boca abajo de un árbol, pero, aunque debería ser una postura incómoda, el hombre no parece tener preocupación alguna en su cabeza, con uno de sus pies libres de la soga y los brazos casualmente cruzados tras su espalda. La intención del árbol del que cuelga es representar el mundo vivo, con sus raíces hacia el inframundo y sus ramas sujetando el cielo. Debido a la expresión sosegada del hombre, se cree que cuelga así por su propia voluntad. Luce pantalones rojos para simbolizar la vitalidad y pasión humana. El azul de su camisa es la calma serena de sus emociones. Echar esta carta indica que no se está en la mejor, o más cómoda, situación posible, pero es necesario entender que este momento es un sacrificio necesario para progresar en la vida. Puede estar en una etapa de indecisión o ser un indicador de la necesidad de posponer sus acciones acuciantes para poder tomar una decisión más fundamentada e idónea.

El colgado – Boca abajo

La inversión de esta carta tiene unas connotaciones muy específicas que son algo raras en la baraja del tarot. La persona en cuestión está perdiendo el tiempo en algo al no recibir nada a cambio. Puede ser una señal de que están atascados y necesitan considerar modificar sus métodos para afrontar su vida.

La muerte – Boca arriba

La muerte se plasma como un esqueleto con armadura sujetando una bandera con un diseño blanco a lomos de un caballo blanco. La imagen de la muerte como un esqueleto con armadura representa que los huesos son los únicos que prevalecen tras fallecer, pero la muerte es impenetrable. El caballo blanco simboliza la pureza de la muerte, ya que todo el mundo es purificado al dejar este mundo. Bajo la muerte yacen cuerpos sin vida de personas de todas las clases: un rey, un pobre, una mujer y un niño. Esta carta es una gran incomprendida de la baraja del tarot, ya que guarda un significado mucho más profundo que simplemente el dolor y la muerte. En vez del final de la vida, este naipe también puede suponer el final de una etapa para dar paso a algo nuevo y más emocionante. Es una señal de que se debe mirar hacia lo que está por venir, y no lo que se deja atrás. Otra interpretación es que pueden estar pasando por un gran cambio o transición en su vida.

La muerte – Boca abajo

Esta carta boca abajo tiene prácticamente las mismas connotaciones que boca arriba, pero con una distinción. Aunque sigue indicando que se puede estar experimentando un gran cambio vital, ahora incluye el hecho de que pueden estar resistiéndose o negándose a ello. Si una persona saca esta carta, puede que quieran considerar una decisión que han rechazado varias veces y estarían dispuestos a probarla, ya sea en un sentido romántico, o un nuevo deporte o club. Puede que se estén privando del cambio por miedo a lo desconocido y deberían considerar aceptar el hecho de que la vida continúa y no hay forma de frenar el cambio.

La templanza – Boca arriba

Esta carta simboliza la unidad entre opuestos. Nos muestra un ángel sin rasgos sexuales que le caractericen, lo que insinúa que los géneros están en completo equilibrio. Además, tiene un pie en el agua y otro en la tierra, lo que visualiza la conexión entre el mundo material y el subconsciente. Si se fija podrá ver en su vestimenta un cuadrado con un triángulo en medio que representa la unión entre la claridad del mundo físico (el cuadrado) y el reino espiritual de la Santísima Trinidad (el triángulo). Sostiene dos copas con agua que fluye infinitamente entre estas como imagen de la unidad sin fin. Si le sacan esta carta significa que es una persona que mantiene la calma y el equilibrio en momentos de incertidumbre, pero también que sabe claramente lo que quiere en la vida y en el amor. Esto también puede suponer que es hora de revisar sus decisiones y elecciones previas e intentar equilibrarlas con otras opciones disponibles en su vida.

La templanza – Boca abajo

Si aparece este naipe boca abajo augura que su vida está desequilibrada y necesita replanteársela. Puede que no tenga un objetivo a largo plazo o visión de futuro, lo que puede estar provocando intranquilidad y ausencia de propósito en la vida. Es probable que esté sufriendo en exceso. La carta de la templanza sirve como recordatorio de que las cosas son buenas solo en moderación y que para vivir una vida feliz se debe tener cuidado de no dedicar mucho tiempo a una única cosa o individuo.

El diablo – Boca arriba

Aquí nos presentan al diablo en su estereotípica forma de sátiro: mitad hombre y mitad cabra con un pentagrama invertido en su frente, así como alas de murciélago a su espalda. Bajo este se encuentran una mujer y un hombre desnudos encadenados juntos, un distintivo que muestra el dominio del diablo sobre ambos. Los humanos guardan algunas características de la cabra como símbolo de que cuanto más tiempo pasen en el mundo del demonio, más abandonan su humanidad. Sacar esta carta es desalentador, ya que muestra que se siente atrapado, vacío o insatisfecho. También indica que se ha vuelto esclavo de sus posesiones materiales. Ahora mismo está yendo cuesta abajo y se siente incapaz de seguir cayendo, que también podría ser el caso de una posible adicción a substancias o placeres materiales.

El diablo – Boca abajo

Si por el contrario esta carta aparece boca abajo, es mucho más positiva: representa liberarse de las cadenas que le están atando metafóricamente. El inconveniente, claro está, es que romper estas cadenas y cambiar estos hábitos no es fácil y puede que tenga un precio. Uno tiene que estar preparado cuando sale esta carta para soportar penurias extremas y emerger mejor que como se entró. Se recomienda que esta persona se tome algún tiempo para auto-reflexionar y, a lo mejor, componer una lista de todos los hábitos que tiene que cambiar.

La torre – Boca arriba

Esta carta muestra una torre alta y premonitoria que está ardiendo por haber sido alcanzada por un rayo y se puede ver a gente arrojándose por las ventanas. Se cree que estos dos individuos son las mismas personas que aparecen en la carta del diablo. Esta torre representa la ambición que está construida sobre principios incorrectos y, como resultado, debe ser destruida para crear algo nuevo. Este naipe es señal de un cambio necesario pero arduo. Esto suele implicar un cambio radical para poder avanzar en la vida, ya sea la destrucción de una relación que se ha vuelto amarga o un cambio físico de ubicación, como de un hogar a otro.

La torre – Boca abajo

La torre invertida es signo de que se avecina una gran catástrofe. A lo mejor algo en lo que escatimó va a resurgir y tendrá que sufrir las consecuencias de sus actos. Esto implica que necesita volverse más autosuficiente para poder reconstruir unos cimientos de mejor calidad.

La estrella – Boca arriba

La protagonista de esta carta es una mujer desnuda arrodillándose en la orilla de un estanque. Sujeta dos copas de agua, vertiendo con una agua en el estanque y con la otra nutriendo la tierra. Arriba, en el cielo, se encuentra una gran estrella acompañada de siete estrellas más pequeñas. Sacar esta carta es un recordatorio de que la persona posee muchos dones, aunque dude de ellos por algún evento traumático reciente (la torre). Esta carta es un aviso para que confíe en sus propias habilidades y agradezca los dones con los que ha sido bendecido.

La estrella – Boca abajo

Este naipe boca abajo indica que la persona se siente abrumada con los cambios a los que se enfrenta. Cree que el mundo entero está conspirando en su contra y no hay nada que pueda hacer para pararlo. Esta carta nos recuerda que debemos alimentar la esperanza por un futuro mejor e intentar encontrar la causa por la que nos sentimos tan derrotados.

La luna – Boca arriba

La luna sirve como una lección en dualidad. En esta carta aparece un camino flanqueado por dos animales, un perro domesticado y civilizado y un lobo salvaje y feroz. Según se aleja el camino en la distancia se coloca justo en medio de dos torres y se dirige directamente hacia la mitad de una gran montaña. Las dos torres representan el bien y el mal y su apariencia similar nos avisa de que las personas y acciones malvadas pueden parecer iguales que las de buenas intenciones. Esta carta se puede interpretar como un espejismo, algo en la vida de la persona que no es lo que parece.

La luna – Boca abajo

Si aparece esta carta invertida es augurio de confusión en la vida. Esto puede significar que han decidido que quieren progresar, pero no saben cómo proceder. Puede que quieran considerar consultarle a un experto en la materia sobre la que están confundidos. Por otro lado, esta carta nos puede avisar de que estos sentimientos de confusión empiezan a disiparse.

El sol – Boca arriba

Esta carta representa la vida y el optimismo de la infancia. En esta carta aparece un niño desnudo montando un caballo blanco bajo un sol radiante rodeado de un marco de flores. El caballo blanco es símbolo de la pureza del niño, y el hecho de que esté desnudo demuestra que no tiene nada que ocultar, pues todavía no sabe lo que es la vergüenza o la modestia. Sacar esta carta boca arriba tiene implicaciones extremadamente positivas. Es señal de éxito, luminosidad y fuerza.

El sol – Boca abajo

Si el sol aparece invertido significa que a la persona le cuesta ver el lado positivo de la vida, es una cínica y solo ve nubes que bloquean el sol. Puede que esto esté truncando su confianza, haciendo que sea más difícil triunfar en la vida. También se puede interpretar como que están siendo poco realistas sobre algo.

El juicio – Boca arriba

Este naipe plasma el juicio final desde un punto de vista religioso. Muestra un ángel, supuestamente Gabriel, haciendo un llamamiento con su trompeta, a lo que hombres y mujeres responden levantándose de sus tumbas. Alzan sus manos listos para ser juzgados. Sacar esta carta indica que es momento de autorreflexión. Va a entrar en un momento de su vida en el que va a evaluar sus decisiones y acciones pasadas. Por otro lado, también puede implicar que se encuentra en un periodo de despertar. Puede que tenga una idea clara de lo que tiene que cambiar para llegar a ser una versión mejorada de sí mismo.

El juicio – Boca abajo

El juicio invertido anuncia que la persona es demasiado dura consigo misma, y es este juicio de valor el que puede haber provocado que se haya perdido oportunidades en el pasado porque dudaban de sus habilidades para afrontar ese reto. Esta carta también puede ser una señal de que necesita dar un paso atrás y repasar su vida hasta ese momento. Es posible que se esté concentrando demasiado en sus decisiones pasadas y no se permita avanzar en la vida.

El mundo – Boca arriba

Como la última carta de los arcanos mayores, este naipe está plagado de un simbolismo precioso. En el centro de la carta se encuentra una mujer bailando con una tela suelta colocada alrededor de su cuerpo. Sujeta un bastón en cada mano y tiene una expresión agradable en su cara. La envuelve una corona verde unida con lazos. En cada una de las cuatro esquinas se encuentran los mismos cuatro símbolos del Zodiaco que aparecen en la rueda de la fortuna: Escorpio, Leo, Tauro y Acuario. La mujer representa el equilibrio y la constante y dinámica marcha de la evolución a lo largo del tiempo. La corona que la rodea simboliza el éxito, mientras que los lazos que la atan en forma de infinito representan exactamente eso. Los signos del Zodiaco son los cuatro elementos, las cuatro esquinas del universo y los cuatro evangelistas. Cuando se combinan todos estos elementos nos encontramos con el equilibrio y la unidad. Que aparezca esta carta en una sesión supone que se va a llegar a la iluminación o se va a encontrar el equilibrio perfecto en la vida. El ser la última carta en la línea de los arcanos mayores le añade un matiz adicional. También representa el fin de la instrucción, como una graduación, o por otro lado, que se puede retirar con una pensión abultada.

El mundo – Boca abajo

El mundo boca abajo sigue indicando que se está llegando al desenlace de algo. La diferencia es que ahora este final puede ser agridulce y esté mirando atrás con una sensación de inconclusión en este capítulo que se está terminando. Puede que se arrepienta de no haberlo intentando lo suficiente ni lo haya intentando las veces necesarias. Es posible que sienta un vacío que no había sentido antes.

Como puede apreciar, la serie de arcanos mayores posee unas implicaciones simbólicas fuertes que se pueden conectar fácilmente con la experiencia humana. Cada una de estas cartas representa eventos o fases en la vida de un individuo, así como situaciones del viaje de la humanidad en este mundo y que se reflejan la una en la otra. Esta es la razón por la que se les considera el núcleo central de la baraja del tarot, mientras que las otras secciones son más como sabores o acentos que ensalzan a los arcanos mayores. Estas cartas son muy importantes, ya que pueden cambiar el filtro por el que cada uno se ve a sí mismo, pero no conforman los eventos e ideales básicos y fundamentales en la vida de una persona.

Capítulo 7: El tarot, los signos del Zodiaco y cómo se relacionan

Puede que sorprenda a algunos (pero no a todos) el hecho de que la astrología del Zodiaco y la lectura de las cartas del tarot están muy relacionadas. Cada uno de los arcanos mayores está conectado con un signo estelar y, a menudo, poseen rasgos de estos signos. Parecido al Zodiaco, cada *palo* de naipes del tarot está separado también en diferentes clasificaciones elementales, un derivado de estar tan conectado con el Zodiaco. Es de estos elementos desde donde empezaremos a compararlos. El palo de la baraja del tarot muestra a grosso modo lo que las cartas de su palo predicen o describen de la vida de una persona. Los elementos y sus respectivos palos y signos del zodiaco son los siguientes:

- Fuego – Bastos (o varas)
    i) Asociado con la acción, el poder y la voluntad
    ii) Signos del Zodiaco: Aries, Leo y Sagitario
- Agua – Copas
    i) Asociado con la creatividad, la emoción, la conexión con el entorno
    ii) Signos del Zodiaco: Cáncer, Escorpio y Piscis
- Aire – Espadas

i) Asociado con la inteligencia, la comunicación y el progreso

ii) Signos del Zodiaco: Géminis, Libra y Acuario

- Tierra – Pentáculos (u oros)

  i) Asociado con la fiabilidad, la practicidad y los problemas corporales

  ii) Signos del Zodiaco: Tauro, Virgo y Capricornio

Además de los elementos, cada una de las cartas de figuras y signo del Zodiaco están también organizados por un sistema conocido como modalidades. Las secciones de este sistema se conocen como signos cardinales, fijos y mutables. Los desglosamos a continuación:

- Cardinal

  i) Reinas

  ii) Los signos de esta modalidad son famosos por ser decididos y dar el primer paso en la toma de decisiones importantes

  iii) Aries-Fuego

  iv) Cáncer-Agua

  v) Libra-Aire

  vi) Capricornio-Tierra

- Fijos

  i) Caballeros

  ii) Los signos de esta modalidad destacan por su fiabilidad, su estabilidad y su sensatez

  iii) Tauro-Tierra

  iv) Leo-Fuego

  v) Escorpio-Agua

  vi) Acuario-Aire

- Mutables

  i) Reyes

  ii) Estos signos son flexibles, creativos y emocionales

  iii) Géminis-Aire

  iv) Virgo-Tierra

  v) Sagitario-Fuego

vi) Piscis-Agua

Cada uno de estos sistemas son solo recomendaciones e ideas de cómo interpretar las cartas del tarot en relación con el Zodiaco. No es, para nada, algo inamovible ni suponen las reglas que rigen el mundo del tarot.

Interpretación del tarot y los signos del Zodiaco como guías

Ha llegado hasta aquí y puede que esté pensando: *Madre mía, esto es mucha información. ¿Cómo puede representarme?* Si es así como piensa, tiene razón. Es un montón de información y esto no es ni la mitad de lo que un profesional en este tema necesita saber. Pero no se preocupe, no es la Biblia. Las ideas interpretadas en todos estos diversos sistemas y material gráfico son solo sugerencias. Su propósito es combinarlos para sugerir lo que le conforma a usted como individuo. La intención del tarot en particular es guiarle, ser una mano amiga que le ofrece su opinión, pero no le dice lo que es verdad o no. El Zodiaco ayuda a la persona a entenderse a sí misma y cómo manejar ciertas situaciones. El tarot ayuda a predecir la probabilidad de que ocurran ciertas situaciones y a entender por qué se siente de cierta manera en determinadas etapas de su vida. Es importante tener en cuenta esta información al tomar decisiones bien fundamentadas respecto a su vida. Un tema principal en el mundo de la astrología es la idea del equilibrio, de opuestos que se encuentran para crear un equilibrio perfecto. El tarot y la astrología se complementan el uno a la otra para crear estabilidad en la vida de un individuo. La idea es que, para que una persona tenga una vida realmente feliz y próspera, necesita equilibrio. Por eso es vital tener en cuenta ambos para interpretar la personalidad y vida de un humano. Las personas son increíblemente complicadas y, por ello, tiene sentido que materias como la astrología, que intenta entender la mente y el espíritu humano, sea también increíblemente complicada.

En el siguiente capítulo vamos a sacar a la luz un método muy diferente de entender la personalidad de una persona. Pero, aunque sea muy diferente de los anteriores métodos que hemos discutido, está conectado con estos en un sentido astrológico.

Capítulo 8: Numerología: ¿Qué es y de dónde viene?

Si ha leído la famosa saga de libros de *Harry Potter* sabrá que la asignatura favorita de Hermione es la *aritmancia*, donde se enseñan las cualidades mágicas de los números. Lo que puede que no sepa es que esta asignatura está basada en una forma real de adivinación llamada numerología. En realidad, la numerología está basada en la idea de que cada número tiene su propia vibración, y es esta vibración la que proporciona a cada número diferentes características y afecta a nuestras vidas de forma dispar. La base de la numerología es la creencia de que nada en el universo ocurre por coincidencia o accidente, sino que, en cambio, es la energía vibracional de los números la que causa que las cosas pasen de cierta manera. La influencia histórica de este sistema se remonta hasta los griegos con la creación de la numerología pitagórica del mismísimo Pitágoras. Además de la creación de su famoso teorema, Pitágoras estaba obsesionado con la idea de la frecuencia vibracional de los números. Creía que los números estaban conectados a todas las cosas, una revelación que comenzó con el descubrimiento de que sumando números impares que comenzasen con uno siempre resultan en un número cuadrado. Tras este hallazgo continuó su investigación estudiando ideales matemáticos de las ciencias árabes, druidas, fenicias, egipcias y esenias.

Hoy nos concentraremos en su numerología, ya que es la más usada y estimada. Pitágoras fue un hombre brillante que formuló ideas que se siguen usando y reconociendo hoy en día, pero también era increíblemente reservado. Enseñaba en una escuela en Crotona, Italia, llamada *el semicírculo*, aunque era prácticamente una sociedad secreta. Como Pitágoras prohibía a sus estudiantes que escribiesen sus lecciones es difícil investigarle, ya que, a día de hoy, existen muy pocos de sus textos originales. Sin embargo, esta no era la única sociedad secreta consagrada a la numerología. Desde los masones a los rosacrucianos, el estudio y convicción de la profunda conexión de los números con el mundo estaba muy valorado. Mientras que Pitágoras sentó las bases de la numerología moderna, no fue el único creador. No por varios miles de años.

Está muy debatido quién o qué comunidad creó la numerología primero, pero lo que es muy interesante es que parece que todos han llegado a la misma conclusión numerológica por su cuenta. Muchas sociedades antiguas tienen su propia versión de numerología y todos la desarrollaron sin compartir sus ideas con los demás. Los registros más antiguos que conocemos se remontan al temprano Egipto y Babilonia, pero hay pruebas de que en la historia china, romana y japonesa ya se usaba y estudiaba la numerología. De hecho, en la antigua Roma, en el año 370 a.C., San Agustín de Hipona escribió en un diario público que los números eran el lenguaje universal ofrecido por la deidad a los humanos como confirmación de la verdad. Por supuesto, en ese tiempo esto era una violación del dogma de la Iglesia romana y, como resultado, empezó a desaparecer esta creencia de que el sistema numérico explicaba el universo.

En la edad moderna de la numerología se atribuye el retorno de esta forma de adivinación al ojo público a la doctora Julia Stenton. De hecho, ella fue la que acuñó el término numerología para un estudio de nombres conectados con números que no utilizaba ningún término específico. Stenton creó este nombre combinando la palabra *numerus* o número y *logia* para plasmar el pensamiento o expresión.

La numerología tiene conexiones muy interesantes con el tarot y el Zodiaco, ya que ambos métodos de adivinación tienen números asignados de diversas formas. El Zodiaco, por ejemplo, tiene un número asociado con cada signo según su orden en el linaje zodiacal. Por otro lado, a cada carta del tarot le corresponde un número que guarda un significado mucho más profundo que simplemente el orden en la baraja, ya que implica una relación con la numerología. El número uno, por ejemplo, se asocia con el renacimiento o el principio de algo nuevo, y hay cinco cartas en la baraja del tarot con el número uno. Estas serían una de cada palo y el mago de los arcanos mayores y, aunque todas estas cartas tienen significados muy diferentes, todas están conectadas de alguna manera con el comienzo y el empezar de cero. La gente a menudo piensa en el tarot y la numerología como un ciclo, donde los números pares normalmente son fuertes y fiables mientras que los impares representan un cambio o transición. Debido a esta característica cíclica, muchos números suelen tener varios significados, ya que el final de una cosa puede ser el comienzo de otra.

La conexión de la numerología con el Zodiaco es muy interesante, pero no tan obvia como la que guarda con el tarot, ya que la conexión con la astrología se basa en la acción para entender la astrología en sí. Para poder crear o entender la carta natal de alguien debe consultar su fecha y hora de nacimiento (todos los valores numéricos guardan una gran importancia en la vida de la persona). Además, después tiene que consultar las constelaciones, de las que tiene que conocer los diferentes grados, así como la latitud y longitud para comprenderlo por completo.

La base de toda esta información son números que juegan un papel sumamente importante para entender la personalidad y ser interior de la persona. Aunque a primera vista parece que la astrología es una locura y no está basada en el mundo físico, en realidad está muy fundamentada en las matemáticas y las ciencias. Dentro de la numerología, cada número del cero al nueve está regido por un planeta al estilo del Zodiaco en la astrología. Es habitual tener en cuenta tanto los valores numéricos y el zodiaco de una persona a la hora de echarle las cartas, ya que cada uno depende e informa al otro sobre la persona.

En el siguiente capítulo aprenderá a calcular sus valores numéricos y lo que significa cada uno, así como ejemplos reales de cómo la numerología puede afectarle en determinadas situaciones y momentos.

Capítulo 9: Su numerología: Cómo calcularla y su significado

La teoría pitagórica de la numerología defiende que todo individuo tiene cinco números principales que constituyen quiénes son y cómo viven el mundo. A estos cinco números se les conoce como el número de la personalidad, de la senda de la vida, de la expresión, del deseo del corazón y del cumpleaños. Todos estos números son cruciales para comprender su numerología, de manera que los utilizaremos para aprender sobre este tema en este capítulo. Comencemos con su número de la personalidad.

Número de la personalidad

En la numerología pitagórica a cada letra del abecedario le corresponde un número del uno al nueve, empezando por la letra A, que es el uno, hasta la letra J, donde empieza de nuevo a contar desde uno y se repite durante el resto del alfabeto. El número de la personalidad se calcula con cada consonante del nombre completo de la persona y asignándole a cada uno su número.

Aquí tiene un ejemplo:

Anna Katherina Branden

5 5 2 2 8 9 5 2 9 54 4

Ahora debe sumar todos los números del nombre de pila.

5 + 5 = 10

Después haga lo mismo con el segundo nombre.

2+2+8+9+5= 26

Por último, sume los números correspondientes al apellido.

2+9+5+4+5=25

Ahora tiene tres números diferentes que probablemente sean de dos dígitos. Sume los dígitos individuales de los números de dos cifras hasta acabar con tres números únicos individuales entre el cero y el nueve.

1+0= 1

2+6= 8

2+5=7

Nota: Es importante comentar que cuando se topa con un número como el once o el veintidós no necesita reducirlos más, ya que son *números maestros*, y lo mismo ocurre con el número doce. Tiene su propio significado y son independientes como números definitorios.

Ahora sume esos tres números.

1+8+7=16

Y redúzcalo una vez más.

1+6 = 7

7

¡Ya tiene su número de la personalidad! Este individuo tiene un número de la personalidad siete, sobre el que aprenderá más adelante en este capítulo. Abajo hemos incluido algunos cálculos más como ejemplo.

Emily Elizabeth Smith

4 3   3 8 2 28 14 28

4+3= 7

3+8+2+2+8=23

1+4+2+8=15

7=7

2+3=5

1+5=6

7+5+6=18

1+8=9

9

Ahora que sabe cómo calcular su número de la personalidad le quedan otros cuatro para aprender a interpretar su numerología personal. El siguiente paso es calcular su número del deseo del corazón y aprender a qué afecta este número.

Igual que antes, vamos a empezar con la conexión entre su nombre y los números correspondientes según la numerología pitagórica. La diferencia radica en que ahora nos fijaremos en los valores de las vocales de su nombre.

Tenga en cuenta que la *y* se considera una vocal en una palabra cuando se puede intercambiar por una *i*. Por ejemplo, con nombres como Bryan o Cynthia, la y es una vocal, pero si ya están acompañadas de una vocal, como en Yasmín o Cayetano, y realmente no se puede reemplazar por una i, cuentan como consonante.

Veamos el siguiente ejemplo:

Anna Katherina Branden

1 1 1 5 9 1 1 5

Una vez más, sumaremos estos dígitos en cada nombre.

1+1= 2

1+5+9+1= 16

1+5=6

Y ahora reduciremos los números de dígitos dobles.

1+6=7

A continuación, sumamos los tres números que nos quedan.

2+6+7=15

Y reducimos una vez más.

5+1=6

6

Ya hemos llegado al número del deseo del corazón, que es el seis para esta persona. Esta cifra representa lo que desea o valora por encima de todo este individuo. Pueden ser sueños o ideales de futuro o qué tipo de cosas le motivan como persona. Este número también indica el tipo de estilos que pueden tener o de qué cosas prefieren rodearse. Ahora conoce dos de los cinco elementos que necesita para entender su numerología. Acuérdese de estas cifras, ya que explicaremos su significado más adelante, pero ahora prepárese para aprender el tercer tipo de número importante: el número de la expresión.

Número de la expresión

Este número dicta los posibles talentos de la persona, pero también puede revelar sus debilidades. En concreto, este número refleja las habilidades y destrezas que tenían cuando su alma entró en su cuerpo, es decir, el día que nacieron. Los números que encontramos antes muestran cómo se desarrollaron esas habilidades con el tiempo y cómo uno aprende a salir adelante en este mundo con lo que se les entregó al nacer.

Para encontrar el número de la expresión va a utilizar el mismo sistema numerador que antes, pero esta vez le va a asignar un número a cada letra de su nombre, en vez de limitarse solo a vocales o consonantes.

Aquí tiene un ejemplo:

Anna Katherina Branden

1551 212859951 2915455

Ahora sumamos los números de cada palabra como antes.

1+5+5+1=12

2+1+2+8+5+9+9+5+1=42

2+9+1+5+4+5+5=31

De nuevo volvemos a sumar todos los dígitos dobles.

4+2=6

3+1=4

2+1=3

Ahora sumamos los tres números que nos quedan.

6+4+3=13

Los reducimos de nuevo.

3+1=4

4

Por tanto, hemos descubierto que el cuatro es el número de la expresión para este individuo, por lo que las habilidades y características asociadas con el número cuatro son con las que nació esta persona. Sus habilidades han mutado y desarrollado de forma diferente durante su vida según los números del deseo del corazón y de la personalidad que averiguamos antes. Pasemos ahora al siguiente número de los cinco necesarios para completar su numerología personal.

Número de la senda de la vida

La fecha de su nacimiento, como hemos visto, tiene implicaciones astronómicas. Casi todas las subsecciones astrológicas tienen algún tipo de conexión con su cumpleaños para pronosticar aspectos de la persona. Con la numerología pasa lo mismo a la hora del número que se considera el más importante de este sistema de adivinación, el número de la senda de la vida. Este número representa muchos aspectos importantes de su vida, como todas las posibilidades, opciones y dificultades que tendrá que afrontar en la vida. Este número es un indicador del inicio de algo magnífico (usted) y, como tal, a menudo se vincula al principio de una carretera que se bifurca en un millón de direcciones. Como se insinúa en el nombre del número, es un indicador de qué senda puede tomar en su vida y cómo se ramificará en más y más caminos.

Para calcular el número de la senda de la vida debe comenzar con el mes de su cumpleaños. Cada mes tiene asignado un número. Si es noviembre, será el uno y si es diciembre reducirá doce en tres.

Aquí puede ver un ejemplo:

20 de marzo de 1999

Marzo – 3

Ahora sumamos los dígitos del día.

2+0= 2

Después, sumamos todos los números individuales del año.

1+9+9+9=28

Reducimos cualquier dígito doble.

2+8=10

1+0=1

1

Ahora nos quedan tres números de un dígito: tres, dos y uno.

Súmelos y redúzcalos si fuese necesario.

3+2+1=6

6

El número de la senda de la vida de este individuo es el seis.

Ahora que sabemos cómo conseguir este número, ¡casi hemos llegado al final de nuestras calculaciones! Las matemáticas no son la parte más divertida de la astrología, desde luego, pero no se preocupe, solo nos queda un número más antes de reunir todas nuestras cifras para ayudarnos a entendernos a nosotros mismos como personas.

Número del cumpleaños

Su cumpleaños es muy valioso en el mundo de la numerología. Este número requiere un cálculo mucho más sencillo que los otros, ya que se basa en el día en que nació. Si el día de su cumpleaños es del uno al nueve, ¡ya ha terminado! Para el resto de días solo tiene que sumar los dos dígitos del día.

Por ejemplo:

20 de marzo de 1999

2+0

2

16 de julio de 1988

1+6

7

Este número es un poco diferente de los otros, ya que los dígitos que conforman la cifra final también se consideran como importantes. A menudo complementan o coinciden con el significado del número final. Ahora conoce todos los valores de sus cinco números principales. Téngalos a mano porque en la siguiente sección del capítulo vamos a explicar los rasgos característicos o significados tras estos números.

Su número de la personalidad del uno al doce

Uno

El hecho de que este número sea el primero en la serie de los números de la personalidad es apropiado. A esta cifra a menudo se le asocia con características de aquellos que son los primeros. Es decir, aquellos que quieren ser los primeros en hacer algo: la primera mujer presidente, el primero en diseñar un avión… Estas personas son pioneras y les gusta controlar el resultado de sus aventuras. Les gusta ser sus propios consejeros y caminar su propia senda en la vida.

Dos

A este número se le suele asociar con rasgos relacionados con las almas amables y dulces. La gente alrededor de estas personas suele pensar de ellos que son cálidos y atractivos, ya que tienden a cuidar su aspecto y se sienten cómodos en su piel. Suelen ser muy apasionados y dedican todo lo que pueden en su bienestar y salud, así como su trabajo diario.

Tres

Tener este número de la personalidad hace que sea más probable que se le considere extremadamente atractivo. A menudo se asocia a esta cifra con la belleza y la elegancia y la gente suele percibirles como energéticos, encantadores y que exudan un magnetismo imposible de ignorar. Tienden a ser extremadamente románticos, incluso demasiado; se enamoran de una forma romántica y apasionada, pero dejan de estarlo igual de rápido. Parece que la buena suerte y las oportunidades persiguen a estas personas con el número tres y, como resultado, deberían exponerse al mundo y no asustarse de probar cosas nuevas.

Cuatro

Al cuatro se le suele asociar con características como la fiabilidad, la confianza y la estabilidad, por lo que la gente acude a estos individuos por su juicio personal en temas delicados. Pueden ser de gran ayuda a la hora de tomar una decisión difícil y por eso la gente les respeta. Tienen un aire de importancia, como de alguien que ha nacido para estar al mando, lo estén o no. Aprecian la calidad por encima de la cantidad, pero pueden aprovechar una ganga si le pasa por delante.

Cinco

Los número cinco son muy energéticos y llaman la atención en cualquier fiesta. La gente valora su sentido del humor y les encanta estar en su compañía, en la que se sienten muy a gusto y relajados. Por desgracia tienden a ser autocomplacientes, mayormente en el mundo físico. Puede que ansíen probarlo todo, desde comida a drogas o sexo. Las personas de este número tienden a ser encantadoras.

Seis

Las personas con este número son extremadamente empáticas y sienten una gran compasión por la gente a su alrededor y como resultado tienden a atraer a aquellos que más necesitan un hombro sobre el que llorar. Por ello, es imperativo que estas personas protejan celosamente sus emociones, ya que podrían empezar a confundir las de otros con las propias. Puede ser muy fácil manipular a estos individuos, especialmente en el aspecto económico, ya que sufren con el dolor de otros. Por tanto, es extremadamente importante que los número seis estén en guardia cuando alguien les cuentan sus problemas económicos. Además, son sumamente leales y muchas veces acaban casándose pronto y siendo unos padres maravillosos.

Siete

A estos individuos se les suele tachar de misteriosos, en gran parte por su nivel de independencia y autosuficiencia que les separa del resto de números. También se inclinan por la espiritualidad. Puede que tengan unas creencias religiosas o espirituales muy fuertes que son una parte muy importante de su vida, pero tienen una visión de la vida y la teología única. Debido a su naturaleza misteriosa, a la gente le resulta difícil acercarse a ellos, ya que pueden resultar muy intimidantes.

Ocho

Las personas con este número tienen una poderosa fuerza interior. Esta será su mayor fortaleza, pero también su mayor debilidad. Su fortaleza les puede ayudar en las transacciones económicas, así como navegando situaciones complicadas en su vida. Por desgracia, esto supone que sus palabras son muy poderosas por lo que, aunque no sean conscientes de ello, tienen el suficiente peso como para arruinar sus relaciones. Estos individuos tienen que darse cuenta de que deben cuidar más su apariencia; no se percatan del papel fundamental que juega su vestuario a la hora de impresionar y controlar a un grupo de personas.

Nueve

A este número se le asocia sobretodo con artistas, músicos y otros genios creativos. Esto se debe a que las personas con el número nueve están muy seguras de sus habilidades y de sí mismas. Estas personas se ganan muy fácilmente la admiración de aquellos a su alrededor debido a la práctica que ponen en su trabajo y sus habilidades. Lo malo, por supuesto, es que su talento puede provocar envidia y la gente les puede acusar de ser arrogantes. Tendrán razón a no ser que puedan concentrar su poder en mantenerse con los pies en la tierra.

Once

Estas personas son criaturas tímidas y reservadas con varios tics ligeros, como morderse las uñas. Son extremadamente intuitivas y tienden a ser muy vulnerables en la mayoría de sus relaciones. Afrontan la vida con buenas intenciones, pero puede que atraigan a personalidades más complicadas o predatorias. La gente suele intentar sacarles algo porque saben que son más sensibles que el resto. Debido a su naturaleza dulce y amable la gente acude a ellos para desahogarse. Para evitar esto, lo mejor para ellos sería expresar de forma no verbal cierto nivel de confianza en sí mismos, ya sea a través de su vestimenta, su pelo o incluso la forma de caminar. No les gusta el conflicto y a menudo se les tilda de conciliadores debido a sus tendencias a satisfacer a todas las partes. Las discusiones y disputas absorben su energía y puede resultarles difícil recuperar su estado de ánimo tras una.

Doce/veintidós

El número doceavo de la personalidad no es, de hecho, doce, sino veintidós. Este número tiene cualidades similares al once, pero mucho más extremas. Parecido al once, estos individuos tienden a ser muy vulnerables y corren el peligro de que se aprovechen de ellos por esto, pero, debido al poder de esta cifra, no solo están en peligro de que abusen de sus posesiones materiales, sino también de sus emociones. Puede que atraigan a gente que prospera con el sufrimiento y la miseria de otros o, por ser más realistas, aquellos que se sienten mejor cuando otros se sienten peor. Un ejemplo de esto sería un niño que está triste y decide abusar de otro niño para que también esté triste. El abusón piensa que hiriendo al otro se sentirá mejor, cuando en realidad no será así. Los veintidós tienen buen juicio para las situaciones difíciles y son muy responsables con su dinero y tiempo. Entienden el valor del dinero e intentan terminar su trabajo antes de tiempo, pero haciendo siempre un buen trabajo. Los sueños más ambiciosos de estas personas suelen estar relacionados con dejar su huella en el mundo o ser recordados de alguna forma. Por suerte el número veintidós en su carta hace que esto sea mucho más probable. Es importante recordar a estas personas que siempre deben esforzarse por ser modestos y humildes, ya que tienden a enfrascarse en lo que se les da bien y no siempre se paran a pensar que puede que haya alguien mejor que ellos.

Números de la expresión del uno al doce

Uno

Un individuo con el número uno es muy habilidoso en el mundo de los negocios. Tiene buena mano para emprender y a menudo tiene grandes ideas para nuevos negocios que quiere crear, por lo que es probable que tengan éxito en muchos proyectos (y en otros no tanto). Disfrutan siendo sus propios jefes y muchos se las apañan para trabajar desde casa. Estas personas pueden ser hipercríticas consigo mismas y con las demás. Esto puede ser una ventaja a la hora de crear negocios u organizaciones de calidad, pero no lo es tanto al tratar con personas ya que, si no controla este hábito, puede alejar a aquellos a su alrededor. Prestar atención a este rasgo de su personalidad y aprender a controlarlo le ayudará a mantener relaciones cómodas y agradables con sus compañeros de trabajo.

Dos

Las personas con este número les dan mucho peso a las habilidades sociales y tienden a ser muy diestras en el mundo de la elegancia y los modales. Además, suelen venderse a ellos y a otros muy bien, por lo que son brillantes profesionales de *marketing* y destacan en la publicidad. Lo más duro para estas personas es encontrarse con gente a la que no les gusta o caen bien. Siempre quieren ser amigos de todo el mundo y no pueden lidiar con el hecho de que haya alguien al que no le caen bien, ya sea a la cara o a sus espaldas. Sería bueno para estas personas recordar que a veces no se puede hacer nada para gustarle a una persona. Deben aprender a pasar página y seguir adelante.

Tres

Este número aumenta las habilidades para comunicarse con otros y, por ello, estas personas tienden a ser escritores, actores y artistas maravillosos. A menudo comunican sus sentimientos y emociones de una forma hermosa y elegante que se puede entender en un abanico de plataformas y medios. Estos individuos suelen involucrarse en profesiones en las que predomina la autoexpresión, ya que es lo que les encanta hacer. El defecto de estas personas es que puede resultarles difícil plasmar sus pensamientos en información clara y concisa en vez de irse por la tangente o divagar durante minutos. Tienen que acabar editando mucho sus textos o teniendo que eliminar gran parte del material creado porque no tiene nada que ver con el producto final que querían alcanzar. A estas personas les vendría bien recapacitar sobre lo que realmente quieren incluir en sus proyectos y tomarse un tiempo para considerar profundamente si está conectado de forma apropiada con lo que están intentando transmitir.

Cuatro

Las habilidades asociadas con este número están relacionadas con la organización y la gestión, de manera que estas personas suelen ser líderes imparciales y justos que prosperan dentro de una estructura. Son fiables y consistentes en su vida, por lo que rechazan lo poco convencional y les gusta vivir en entornos estables y estructurados. Suelen acabar en trabajos de oficina tradicionales donde llegan a un cierto nivel de gestión de personal. No se arriesgan ni trabajan para empresas nuevas o disruptivas o que parece que crecen o se reducen drásticamente. Eso no es para ellos, los verá trabajando en una empresa tradicional de largo recorrido. También son leales y fieles a las personas cercanas. El aspecto más negativo de estos individuos es su tendencia a enfocarse ciegamente en las cosas que están fuera de su alcance, como obstáculos o barreras que les impiden alcanzar su objetivo. En cambio, deberían centrarse en las cosas que están dentro de sus posibilidades.

Cinco

Estas personas son bastante diferentes de sus vecinos, los número cuatro. A los cinco les encanta vivir aventuras y descargar adrenalina. Prácticamente rezuman curiosidad y se dedican en cuerpo y alma a cada nueva mini obsesión que desarrollan. Odian las profesiones organizadas y estructuradas y les sacaría de quicio un trabajo de oficina convencional. Ansían libertad y una estimulación constante. Uno de sus mayores talentos es su habilidad para desarrollar nuevas habilidades de lo más variopintas que parecen salidas de la nada. Trabajando duro pueden aprender a hacer cualquier cosa, desde arreglar un coche a hacer malabares. Debido a su comportamiento carismático y energético (y su pasión por viajar), estas personas suelen tener un grupo amplio de amigos de diferentes culturas y lugares. Pero, por desgracia, un cinco tiene más posibilidades de ser adicto al alcohol, drogas o incluso sexo. Su necesidad de experimentar cosas nuevas e interesantes puede tener consecuencias de las que no se dan cuenta o que directamente ignoran.

Seis

Los individuos con este número suelen defender y hablar por las personas indefensas. Son los motores de los movimientos políticos y tienen talento para convencer a la gente usando simplemente sus ideales. Todo el mundo sabe que son extremadamente apasionados con las causas en las que están involucrados. Normalmente son representantes o dirigentes de organizaciones sin ánimo de lucro. El problema es que los seis ponen a los demás por encima de sus necesidades demasiado a menudo. Tienden a relegar sus necesidades y habilidades a un segundo plano para adaptarse a aquellos que creen que necesitan más ayuda. Estas personas no deben olvidar que también son importantes y deberían reservar más tiempo y energía para sí mismos.

Siete

Los número siete suelen ser muy analíticos y bastante diestros a la hora de encontrar respuestas a preguntas complejas, por lo que son brillantes científicos e ingenieros. También se les dan muy bien las matemáticas y las ciencias porque tienen la rara habilidad de ver todos los detalles y recordar cada pequeño paso de un proceso. Es sabido entre las personas a su alrededor que estos individuos necesitan buscar la verdad en su día a día, constantemente hacen preguntas sobre por qué ocurren ciertas cosas y buscan estas respuestas sí o sí. Están muy decididos a entender el mundo que les rodea y, si no han encontrado las respuestas que esperaban llegados a cierta edad, pueden caer en una profunda depresión. Le vendría bien a este tipo de personas recordar que algunas cosas en la vida no se pueden entender.

Ocho

Estos individuos tienen un objetivo en la vida: ganar. Por ello son extremadamente competitivos en casi todo lo que hacen. Quieren ser los primeros en todo y están dispuestos a luchar duro por ello. Esta clase de personas convierten todo en una competición, pero también son los que más trabajan para conseguir algo que ansían. Su mayor destreza es su habilidad para concentrarse en un objetivo final y sacar fuerzas de flaqueza para alcanzar esa meta. A estas personas les importa muy poco su propio confort en determinadas situaciones. Tienden a trabajar demasiado, por lo que es importante que aprendan a descansar entre tanto trabajo.

Nueve

A las personas con este número se les suele describir como humanitarias y filantrópicas y les apasionan las causas en las que están involucradas. Creen firmemente en sus ideales y en ellos mismos. Tanto, que son capaces de conseguir cualquier cosa que se proponen. Es esta fuerza de voluntad la que les diferencia de la multitud. A menudo son los que emprenden la lucha y no tienen problema alguno en animarse a sí mismos toda su vida. Pasan por puntos álgidos en su vida, pero también por episodios oscuros. Aunque crean firmemente que pueden conseguir cualquier cosa, si no son capaces de hacer algo importante para ellos, pueden caer en un estado de depresión profundo.

Once

Puede ser molesta la cantidad de talentos de los que gozan estas personas. Son capaces de poseer todas las destrezas de cualquiera de los otros números. Tienen un carisma precioso y cierto magnetismo que atrae a los demás. Además, estos individuos a veces tienen poderes psíquicos o sobrenaturales y una conexión con lo metafísico más fuerte que los demás. Debido al amplio rango de habilidades y cualidades personales que poseen suelen sufrir contradicciones internas bastante fuertes y pueden sentirse como unos hipócritas. Para superar esta lucha interna deben intentar encontrar un equilibrio entre sus habilidades y emociones.

Doce/veintidós

A menudo describen a las personas de este número como visionarias. A este número se le considera como representante del *constructor maestro,* y como tal, estos individuos son artesanos excepcionales. Por esta razón muchos acaban siendo ebanistas, constructores o arquitectos. Los doce son muy habilidosos a la hora de crear cosas y dar vida a sus ideas. También suelen motivar e inspirar con mucha facilidad a la gente con la que tienen trato. Están bendecidos con un gran potencial y se les considera como dotados en su juventud. Es en estos años tempranos cuando empiezan a urdir grandes planes y considerar cómo hacerlos realidad. Aunque les lleve mucho tiempo completarlos, el concebir estas ideas de antemano ya les proporciona una gran base con la que empezar. El aspecto negativo de estas personas creativas es que a veces les resulta difícil aceptar sus fracasos. Quieren que todo lo que construyan sea perfecto y no pueden aceptarlo si no es así.

Número de la senda de la vida del uno al doce

Uno

Las personas con este número suelen esforzarse por ser excelentes en todo lo que hacen. Son verdaderos líderes y son muy amables y justos. Estas personas siempre se lanzan a lo desconocido para conseguir cosas más allá de lo normal, y normalmente las logran. Suelen sacar lo mejor de sí mismas y están más motivadas cuando se encuentran frente a la adversidad. Se ven forzados a conseguir cosas increíbles cuando todo el mundo cree que fracasarán. Una persona con este número realizará cosas maravillosas en su vida y escogerá un camino difícil, pero estimulante.

Dos

Los número dos anhelan la paz en su día a día. A menudo se les apoda como los pacificadores porque se esfuerzan por eso, por conseguir la paz y el amor entre la gente. Consiguen solucionar problemas y les gusta invertir su tiempo en encontrar respuesta a problemas sociales comunes. Para ello cuentan con un buen juicio, por lo que son jueces geniales por ser justos y amables. Estas personas a veces dejan su huella en la historia como cabecillas de protestas pacíficas y por proponer soluciones pacíficas a diversos asuntos.

Tres

Aquellos con este número suelen ser brillantes oradores. Tienen un gran talento para la comunicación y para hacerse amigo de gente muy diferente a ellos mismos. Tienden a vivir el momento y aceptar desafíos según se presentan. Estos individuos a menudo toman decisiones dependiendo de su estado de ánimo en ese momento en vez de pensando en cómo se sentirán en el futuro, por lo que a veces sufren las consecuencias.

Cuatro

Las personas con este número son diestras a la hora de completar proyectos y dar vida a las ideas en su cabeza. Acaban lo que empiezan y nunca hacen cosas con las que no se ven comprometiéndose hasta el final. Son muy fiables y se les puede confiar proyectos importantes.

Cinco

A estas personas por regla general les obsesiona la diversidad y son muy aventureras. Les encanta aprender y experimentar nuevas culturas alrededor del mundo. Estos individuos llevan una vida llena de emoción y aventuras, pero sin organización alguna.

Seis

Los número seis son conocidos por ser cariñosos y atentos. Normalmente valoran mucho los valores familiares, por lo que escogen una vida que les permita estar involucrados en sus familias, como trabajando desde casa o dedicándose exclusivamente al cuidado del hogar y de la familia.

Siete

Este número tiende a las habilidades relacionadas con los detalles y el análisis. Estas personas son buenos contables y se les dan genial los temas relacionados con el dinero o los números. Suelen escoger vidas estructuradas y fiables.

Ocho

Estas personas son muy ambiciosas, se plantean grandes metas por las que trabajan arduamente. Brillan frente a la adversidad y son fantásticas a la hora de encontrar soluciones sencillas a problemas complejos. Suelen decidirse por vidas relacionadas de alguna manera con la política.

Nueve

Se les suele describir como humanitarias y son muy empáticas y compasivas con aquellos a su alrededor. No les interesa el dinero ni el poder, pero anhelan ayudar a la gente en su día a día. Puede que estas personas escojan caminos muy vinculados con organizaciones no lucrativas.

Once

Estos individuos suelen inspirar a las personas que les rodean. Con frecuencia son maravillosos oradores y mentores personales y laborales muy inspiradores. Debido a la presencia del número maestro, estas personas son proclives a las habilidades psíquicas o a estar más conectadas a las energías espirituales que los demás.

Doce/veintidós

De estas personas se esperan grandes hazañas, aunque normalmente dependan únicamente de sí mismas. La gente que les rodea suele tener unas expectativas muy altas de ellos y, según cómo decidan vivir sus vidas, pueden exceder estas expectativas o no alcanzarlas para nada. Se les conoce como el comodín en esta sección de la numerología, con mucho potencial, pero sin garantía de que se use.

Número del deseo del corazón del uno al doce

Uno

Estos individuos suelen ser muy independientes. Su corazón les empuja hacia vidas libres y sin restricciones de estructuras u organizaciones sofocantes. Esto les proporciona un cierto nivel de confianza que es escaso y debería valorarse.

Dos

Las gente con este número se siente atraída hacia la paz. Por regla general buscan soluciones pacíficas a los problemas sociales y tienden a acabar en profesiones relacionadas con estos valores.

Tres

Este número atrae a las personas a métodos de autoexpresión. Suelen querer que aquellos a su alrededor sepan cómo se sienten y, afortunadamente, se les da muy bien transmitir sus emociones.

Cuatro

Sienten un deseo innegable de que sus vidas mantengan cierto orden y organización. Anhelan la estabilidad y estructura en su vida diaria.

Cinco

La pasión de estas personas es viajar y experimentar cosas nuevas. Ansían la libertad y vivir todas las culturas que puedan. A estos individuos les encanta la comida y el vino.

Seis

Estas personas tienen una inclinación extrema a cuidar de aquellos a su alrededor. Nada les importa más en este mundo que la seguridad y felicidad de otros, por lo que pueden llegar a hacer lo imposible por las personas cercanas a ellos.

Siete

El deseo del corazón de estos individuos es aprender todo lo posible en su vida. Anhelan el conocimiento y la comprensión, por lo que no es raro verlos en profesiones de naturaleza académica.

Ocho

Tienen una idea fija de lo que significa tener éxito y su deseo es obtenerlo. Ya sea dinero, fama o conocimiento, estas personas no se detendrán ante nada para conseguir lo que ellos piensan que es una vida exitosa.

Nueve

A la gente con este número les atrae la idea de una utopía. Normalmente tienen una imagen muy definida de lo que creen que es una vida o sociedad perfecta y les llama mucho esta idea de perfección.

Once

Las personas con este número son conocidas por estar en armonía con el mundo que les rodea y se les describe como almas viejas o más maduros que la gente de su edad. Parece que han vivido durante mucho más tiempo de lo que lo han hecho en realidad.

Doce/veintidós

El único deseo verdadero de estas personas es ser recordadas. Tratan de crear una impresión duradera en la gente a su alrededor y sueñan con dejar su huella en el mundo.

El número del cumpleaños del uno al treintaiuno

Uno

Los individuos con este número suelen ser muy autónomos. Les gusta comenzar nuevos proyectos y marcar tendencias.

Dos

Este número significa equilibrio y, como resultado, las personas nacidas un día dos anhelan estabilidad y equilibrio.

Tres

Estas personas a menudo necesitan constante estimulación para ser felices. Son muy creativas y tienen que estar haciendo algo nuevo todo el rato para que su creatividad siga fluyendo adecuadamente.

Cuatro

La gente nacida este día suele ser muy responsable y le importa mucho cómo les percibe el resto. Tienden a ser muy organizados y les gusta que cada cosa esté en su lugar.

Cinco

Este número tiene un significado muy especial debido a su conexión con las cinco puntas del pentagrama, los cinco sentidos y los cinco elementos. Por ello, las personas con este cumpleaños están más en sintonía con el entorno que otras.

Seis

Las personas con este número tienen en gran estima la justicia y creen firmemente en la equidad entre todas las partes. Les enfurece la injusticia y defienden a aquellos que han sido agraviados.

Siete

Son extremadamente meticulosos, les encantan los detalles y prestan atención a cada mínima particularidad de una situación.

Ocho

Los ocho son individuos ambiciosos. Tienen mucho aguante y están dispuestos a trabajar más duro que nadie para alcanzar sus objetivos.

Nueve

Tienden a ser idealistas. Tienen una imagen particular de la felicidad y no se conforman con menos que eso. Se sacrifican por los demás porque quieren que todo el mundo sea feliz.

Diez

El decimo día es muy significativo en el mundo de la adivinación. Estas personas desean ser los mejores en todo lo que hacen.

Once

Como número maestro, esta fecha es extremadamente potente. Su poder recae en su potencial para el equilibrio. Representa dos fuerzas opuestas que, cuando se combinan en armonía, pueden hacer cosas increíbles.

Doce

Estas personas tienen todas las habilidades creativas del número tres con las organizacionales del número dos añadidas, con lo que pueden crear arte abstracto que sigue transmitiendo un mensaje claro y conciso.

Trece

Estos individuos son extremadamente analíticos respecto a ellos mismos. Considerados a veces como narcisistas, se conocen a sí mismos mejor que nadie.

Catorce

Este número proporciona una enorme autodisciplina. Estas personas suelen saltar al vacío, pero se lo piensan cuidadosamente antes de arriesgarse.

Quince

Esta gente suele ser afín al yoga o la meditación, ya que su vena independiente del número uno se combina con su conexión al número cinco.

Dieciséis

Les resulta difícil dejar que otras personas tomen decisiones, por lo que les suelen acusar de tener complejo de superioridad.

Diecisiete

A estas personas les cuesta permitir que entren individuos nuevos a su círculo de allegados, pero serían mucho más felices si abrieran su vida a más gente.

Dieciocho

Les apasionan cosas de lo más variopintas. Son el tipo de personas que comienzan un movimiento o encabezan eventos benéficos para una enfermedad rara.

Diecinueve

Esta gente es extremadamente sociable y les encanta estar rodeados de muchos amigos todo el tiempo. Siguen teniendo un toque de independencia por cortesía del número uno pero prefieren disfrutarla con otros.

Veinte

Los veinte viven con el corazón en vez de con la cabeza, por lo que se enamoran demasiado rápido. Suelen sentir una necesidad de que los quieran y acepten, pero también harían cualquier cosa por mantener la paz.

Veintiuno

Les encantan las manualidades o cualquier cosa en la que tengan que utilizar sus manos, como coser, hacer punto o la construcción.

Veintidós

Puede que a estas personas les cueste mantener algo constante en su vida. Les mueve el cambio y, como resultado, pasan por bastantes trabajos antes de llegar a la mediana edad. A pesar de esto, normalmente tienen éxito en sus proyectos vitales.

Veintitrés

La obsesión de los veintitrés es buscar maneras de estar todavía más en sintonía con su entorno. Esto los suele llevar a formas de vida más naturales de lo normal, como estilos de vida minimalistas o de cero residuos.

Veinticuatro

Estas personas a menudo tienen dificultad para concentrarse en su trabajo, ya que les distrae el resto de gente. Son extremadamente empáticos y no pueden dejar de pensar en los problemas del resto hasta que se han resuelto.

Veinticinco

Tienden a ser obsesivo-compulsivos y perfeccionistas. El trabajo que hacen suele ser increíble, pero casi nunca están contentos con el resultado.

Veintiséis

Estas personas suelen cosechar logros personales increíbles y a menudo, de alguna forma, contagian también a otros el éxito.

Veintisiete

Son muy apasionados, pero también son relativamente realistas, lo que les permite pensar con claridad sobre sus pasiones y ponerlas en marcha de forma ordenada.

Veintiocho

Estos individuos necesitan a una pareja en su vida. Desean ser capaces de compartir su vida con otra persona, por lo que se suelen casar pronto y mantener relaciones durante más tiempo de lo que la gente espera.

Veintinueve

Estas personas combinan una tendencia analítica e idealista para poder prestar atención a cada minúsculo detalle, incluso en cosas abstractas o que no le importarían al ojo inexperto.

Treinta

Por regla general son personas muy dotadas y que quieren más que nada que se les aprecie por sus logros, pero no les importa especialmente que sus éxitos ayuden a otros.

Treintaiuno

Estos individuos normalmente son muy emprendedores, ya que poseen muchas habilidades escasas y pueden implementarlas sin darle mucha importancia. Estos talentos son habitualmente sorprendentes y conducen a grandes éxitos.

Cómo puede afectar la numerología a nuestro día a día

La numerología se presenta de formas interesantes a diario. El siguiente ejemplo es simplemente una manera en la que la numerología de alguien puede ser la razón de experiencias increíbles.

Negocios

Erika tiene muchas ideas de negocios nuevos e innovadores. Muchas de estas nunca se han realizado antes y serían un gran éxito, pero le está costando que despeguen sus proyectos. Tiende a no pensar bien las cosas y no es capaz de saber si el mercado está en una posición para aceptar sus ideas. Afortunadamente, acaba de dar un paso adelante usando su amplio abanico de habilidades comunicativas. Consiguió hablar con un negocio bien establecido y han aceptado apoyarla durante los primeros meses de producción. Si no fuese por su increíble talento para la persuasión, esto nunca habría ocurrido. El número de la personalidad de Erika es el uno, que le proporcionó las ideas innovadoras. Tiene un número de expresión del uno también, con lo que le otorga la habilidad empresarial de persuadir a otros profesionales de los negocios. Su número tres de la senda de la vida es el que le concede sus cualidades comunicativas para expresar su plan de forma apropiada. Su motivación y su impulso para lanzarse hacia lo que ella veía que era el éxito le viene por su número del deseo del corazón, que en este caso es el ocho. Por último, su número de cumpleaños, el dieciocho, le permite mamar de lo inexplorado e inventar nuevas ideas que nunca habían sido expresadas o materializadas.

Capítulo 10: El despertar de la *kundalini*, ¿qué es?

El despertar de la *kundalini* está basado en la idea de que todos los humanos contienen algún tipo de energía en la base de su columna llamada *kundalini*. La idea es que, a través de la meditación o yoga vigorosos, esta energía se puede *despertar* y, por tanto, desplazarse arriba y abajo de la columna por el cuerpo. A esta energía se la suele representar como una serpiente enrollada en la base de la columna, coincidiendo con su nombre que se traduce aproximadamente como *enrollada*. Se dice que este despertar provoca estados de extrema felicidad e iluminación. Para llegar a ese punto, se supone que la *kundalini* debe pasar por varios *chakras* dentro del cuerpo humano y a lo largo de la columna. Se cree que una vez se despierta esta energía, nunca más vuelve a su estado enrollado, sino que fluctúa y fluye durante toda la vida del individuo.

La kundalini en la historia

Las raíces de la idea de la *kundalini* se remontan a la antigua India, en el valle del Indo, el antiguo Egipto y las civilizaciones sumerias. Especialmente se puede ver en los textos védicos antiguos en los que numerosos himnos del Rigveda alaban un líquido conocido como *soma* que muchos creen que es una metáfora de esta energía interior.

La *kundalini* tiene vínculos fuertes con el antiguo dios conocido como Shiva, puesto que siempre aparece con una serpiente enrollada alrededor de su cuello, que algunos defienden es en realidad esta energía. Posiblemente el registro alegórico más importante de la *kundalini* sea un antiguo cuento del Ramayana que narra la historia de un noble llamado Rama y su bella mujer, Sita. Ambos se encuentran con un demonio maligno de nombre Ravana que secuestra a Sita, que es el ejemplo de mujer ideal y de la feminidad perfecta, y la encierra en una fortaleza en una isla llamada Lanka. Es bien sabido que en este cuento Lanka representa al cuerpo humano físico y Sita simboliza la energía *kundalini*. Ravana, por otro lado, encarna a los cinco sentidos y los cinco órganos de la acción que se cree que conducen al hombre hacia el deseo y le alejan de la espiritualidad y se plasma en sus diez cabezas. Rama, en cambio, simboliza la consciencia y, con poderosa experiencia, libera a Sita, lo cual refleja una clara metáfora al despertar de la *kundalini* en el cuerpo humano.

Yoga kundalini

En los últimos años el yoga se ha puesto al frente del bienestar físico moderno. Con la imagen de una chica delgada que puede abrirse de piernas y hacer equilibrios perfectamente con una pierna sobre su cabeza, se ha convertido en una forma de hacer ejercicio muy popular. Mientras que el yoga *kundalini* sí demanda, hasta cierto, punto algo de esfuerzo físico, también incluye un toque de espiritualidad. Estas sesiones tienen un aire de adoración y rezo que se realizan casi completamente en silencio y raras veces en un gimnasio. Este ejercicio es claramente diferente de muchos otros. Una de estas razones es por su vasta historia espiritual. Este yoga es antiguo y ha sido capaz de permanecer prácticamente con los mismos principios durante siglos. Esto se debe en parte al hecho de que la *kundalini* no tiene dogmas abrumadoramente estrictos o agobiantes que ahuyentan a aficionados y profesionales. Esta práctica permite no ser una religión estricta, sino simplemente una herramienta que puede utilizar para encontrar su espiritualidad interna. En tiempos ancestrales, no estaba delimitada por la definición de actividad física, sino que, de hecho, se consideraba una simple conexión con el ser espiritual de cada uno a través de su cuerpo. No había ningún objetivo de bienestar físico sino una conexión a la energía que creían vive dentro de todos nosotros y, para esta conexión, insistían en el hecho de que no era necesario ningún mediador. Ni rezos, ni comida, ni bailes especiales, simplemente práctica y concentración. De hecho, está registrado que las primeras sesiones de la *kundalini* no constaban de nada de actividad física. Los discípulos simplemente se sentaban frente a su maestro y escuchaban sus revelaciones sobre el espíritu. Esta práctica era muy común en tiempos védicos antiguos y se replicó en figuras religiosas como Buda o Jesús. A lo largo de los años, este método de espiritualidad evolucionó para incluir la representación física de las visiones espirituales, y posteriormente se transformó en lo que conocemos hoy como yoga. Una de las razones por las que esta forma de expresión espiritual no es muy conocida en la actualidad es por su secretismo a lo largo de la historia. Durante miles de años, el estudio de la *kundalini* se mantuvo secreto y sagrado, conocida únicamente por un grupo cerrado de espiritualistas y sus estudiantes. La razón de este hermetismo era que el público no estaba preparado para tal increíble conocimiento y que el despertar de la *kundalini* entre la gente de a pie provocaría el caos y la destrucción. La práctica de esta teoría seguiría siendo un enigma para la sociedad occidental si no fuera por las enseñanzas de un hombre conocido como Yogi Bahjan. Yogi decidió impartir su sabiduría a la juventud de los Estados Unidos debido al surgimiento del movimiento hippy a finales de los años 60. Vino a América y encontró a cientos de jóvenes buscando desesperadamente acercarse a su lado espiritual e intentando alcanzarlo de innumerables formas erróneas como las drogas y el misticismo. Impartió más de 8.000 clases de yoga y publicó varios libros sobre el tema. Al principio de su carrera también se le atribuye la creación de la organización

Healthy, Happy, Holy. Sin este hombre, el yoga *kundalini*, y su consiguiente despertar, nunca habrían llegado a Estados Unidos.

Capítulo 11: El despertar de la *kundalini* y usted

Ahora que entiende totalmente los orígenes de la *kundalini* y cómo ha llegado hasta nuestros días, es hora de aprender cómo despertar la energía en su interior. Hoy en día con internet cualquiera puede encontrar cientos y cientos de formas de despertar su energía. Sin embargo, la persona de a pie debe abordarlo con cautela, ya que esta energía es extremadamente poderosa, y sin el conocimiento necesario, con el tiempo pueden hacerse daño o desequilibrar sus *chakras*.

Atención: Recomendamos firmemente que consulte con un experto respecto a despertar su energía antes de intentarlo.

1) El primer paso para despertar su energía *chakra* es practicar ejercicios de respiración consciente. Para empezar, relájese y purifíquese respirando varias veces. Intente practicar una respiración abdominal suave (inspiraciones y expiraciones lentas y suaves que lentamente equilibran los gases de su abdomen y sus pulmones).

2) Ahora, busque con su tercer ojo (es más fácil hacerlo con los ojos cerrados) la ubicación de sus riñones. Puede parecer extraño, pero solo tiene que visualizarlo en sus lumbares.

3) *Masajee* sus riñones liberando varias respiraciones que expulsen todo el aire de sus pulmones y el espacio bajo su abdomen.

4) Llegado a este punto, para ayudarle a respirar, empiece a corear la frase «*Num Mum Yum Pa'Hum*». Según exhala, concéntrese en la sensación de la vibración de su riñón derecho y sucesivamente del izquierdo.

5) Si le está resultando difícil apreciar la vibración, puede frotar sus lumbares para fomentar la actividad.

6) Colóquese en una posición cómoda.

7) Levante los brazos por encima de su cabeza con sus pulgares hacia afuera. Asegúrese de que sus hombros están rotados hacia abajo y atrás. Rotando los pulgares hacia delante y hacia atrás debería ser capaz de notar la conexión de estos con los pulmones.

8) Apunte al cielo con su dedo índice y sienta el intestino grueso conectando con las costillas.

9) Eleve sus clavículas y sienta la suspensión que provoca en los riñones.

10) Vuelva a pensar con su ojo de la mente en sus pulmones y la conexión con los riñones.

11) Acerque su barbilla al tórax y exhale solamente un poco de aire desde el diafragma.

12) Inhale profundamente, llene su cuerpo de aire y asegúrese de que la barbilla, la lengua, el paladar y los senos de su nariz están perfectamente apilados en conexión con su médula espinal.

13) Exhale despacio. Debería notar cómo ascienden sus pulmones.

14) Inhale de nuevo, pero esta vez pose una mano en la parte superior de su pecho y la otra en la parte inferior de su abdomen.

15) Exhale y sienta el *chakra* en la parte superior de la nariz.

16) Respire de nuevo, expandiendo este *chakra*.

17) Perciba cómo se extienden ligeramente hacia arriba las vertebras de su columna vertebral.

Practicar este sistema de meditación regularmente le ayudará a guiarle a su despertar de la *kundalini*.

Ahora describiremos algunos de los efectos secundarios más comunes y las experiencias positivas y negativas que experimentan aquellos que han despertado su propia energía. La *kundalini* se suele describir como una sensación de electricidad o relámpago interno en el momento del despertar. Alguna gente incluso tiembla o se sacuden partes de su cuerpo o extremidades, de manera completamente inconsciente. Otro de los efectos físicos más comunes es sentir insectos arrastrándose por su columna, o notar calor o frío intensos. También se han dado casos en los que se siente un momento de placer tan intenso que se alcanza un estado orgásmico. En cuanto al aspecto mental, pueden experimentar cambios de humor repentinos e inexplicables que van más allá de los altibajos normales. También se han reportado casos en los que aumentan considerablemente los niveles de empatía, mejorando la conexión con las personas a su alrededor, pero en casos extremos ha llegado hasta la telepatía o habilidades psíquicas. Se dice que el despertar de la *kundalini* ralentiza el envejecimiento e incrementa la creatividad y otras cualidades personales carismáticas. Los grandes misterios de la vida ya no suponen un enigma para estas personas, y están conectados a un nivel más profundo con el todo.

Una persona en busca de la iluminación que viene con el despertar de la *kundalini* debería acudir a un profesional o grupo de apoyo en esta materia o un experto monitor de yoga *kundalini*. Intentar despertarlo por su cuenta puede tener terribles consecuencias o directamente no funcionar en absoluto. Se pueden encontrar grupos de apoyo online y hay muchos profesores de yoga *kundalini* en las grandes ciudades. Si le está costando encontrar uno en su zona, hay mucho material online disponible de forma gratuita en YouTube, Pinterest o blogs. Se han grabado muchos vídeos sobre el proceso de este despertar, así como consejos sobre cómo manejar los resultados.

Si ya ha despertado esta energía o le gustaría hacerlo, le recomendamos encarecidamente que les eche un vistazo.

Conclusión

Desde los orígenes de las mayores preguntas de la humanidad hasta el despertar en la actualidad de la energía profunda y antigua que se encuentra en todos nosotros, este texto ha cubierto una cantidad importante de divinidad antigua. Resumiremos este libro en las siguientes frases repasando los temas que hemos tratado.

En el primer capítulo introdujimos los horóscopos y aportamos algo de contexto sobre sus orígenes y cómo han empezado a ganar popularidad hasta convertirse en algo común que vemos en los medios de comunicación de masas hoy en día. En el capítulo dos repasamos los estereotipos más habituales de cada signo del Zodiaco y explicamos por qué muchos de ellos están basados en hechos, aunque no son del todo ciertos. Profundizamos en las características corrientes asociadas con cada signo, así como el mecanismo de funcionamiento en situaciones de la vida real. En el tercer capítulo indagamos en los detalles de la carta natal de una persona. Empezamos explicando la importancia de cada casa de la carta y la relación que tienen entre sí. Hablamos de cada uno de los planetas del Zodiaco, así como los planetas trascendentales, que son aquellos que no se encuentran en la astrología tradicional. Por último, pusimos un ejemplo de carta natal para ayudar al lector a entender la dinámica de leer e interpretar una carta astral. El cuarto capítulo lo dedicamos en exclusiva a los ascendentes, que es una sección de la carta natal que a menudo pasa desapercibida, pero que es para muchos más poderoso que su signo solar en su carta astral. En el capítulo cinco contamos la historia de las cartas del tarot y los usos más frecuentes a lo largo de los tiempos. El sexto capítulo comenzó la discusión sobre los naipes del tarot y sus extensos antecedentes. Intentamos cubrir lo máximo posible de este tema, pero solo alcanzamos la superficie. Profundizamos en el significado de cada una de las cartas de los arcanos mayores, que se cree es el núcleo central de la baraja del tarot. En el séptimo capítulo conectamos todas las ideas previas comentadas y dimos ejemplos de cómo todas las formas diferentes de adivinación trabajan juntas para crear un todo, en vez de que una sección individual arrastre el peso por completo de la personalidad y decisiones vitales de un individuo. El siguiente capítulo (ocho), introdujo el tema de la numerología y en el noveno explicamos cómo una persona normal puede calcular los diversos números de la numerología según su nombre y fecha de nacimiento. A continuación, explicamos en profundidad el significado de cada cifra que calculamos. Por último, finalizamos la sección con ejemplos reales de cómo estos números se presentan en la vida cotidiana de una persona. En el décimo capítulo hablamos de la historia del despertar de la *kundalini* y su papel en el movimiento hippy. También proporcionamos varios ejemplos de su presencia en los textos e historias antiguas. También compartimos un breve resumen de cómo la organización del yoga *kundalini* llegó a Estados Unidos en los años 60. En el último capítulo de este libro, el once, expusimos una guía rápida y reducida para despertar la *kundalini* a través de la meditación y el yoga, pero también advertimos de los efectos secundarios más habituales de despertar esta energía.

A lo largo de este texto hemos ofrecido muchos ejemplos de cómo cada una de estas formas de adivinación pueden afectar a un individuo en su vida diaria. Ahora que hemos llegado al final de este libro nos gustaría expresar la importancia de considerar cada uno de los diferentes tipos de adivinación a la hora de intentar entender mejor su yo interior. Ningún método de conocimiento le puede proporcionar de forma individual la historia completa, ya que los humanos son increíbles y extremadamente complicados en cada aspecto de sus vidas. Fijarse simplemente en el signo solar o su número de la personalidad no le proporcionará el entendimiento que busca. Si realmente desea entender por qué piensa de cierta forma o por qué le suceden determinadas cosas, lo mejor para usted es considerar cada ángulo de su propia historia. Simplemente no se está haciendo justicia utilizando solo un aspecto minúsculo de la adivinación. Se dará cuenta de que muchas de sus acciones y decisiones tienen mucho más sentido cuando puede observar todo el conjunto, donde cada sección conforma un pequeño aspecto de su verdadero ser. En este texto no fuimos capaces de cubrir toda la información necesaria para entenderlo realmente. Si le interesa alcanzar este verdadero conocimiento, le recomendamos encarecidamente que continúe leyendo otros libros de temas como la astrología, la numerología y el tarot. Es más, si le interesa el tema del despertar de la *kundalini* y le gustaría desbloquear el increíble poder de esta intensa energía, lo mejor para usted sería continuar investigando en internet y otros libros electrónicos de este estilo.

Descubra más libros de Kimberly Moon

PROYECCIÓN
ASTRAL

Desvelando los secretos del viaje astral y
teniendo una experiencia voluntaria extracorpórea,
que incluye consejos para ingresar al plano astral
y cambiar a una conciencia superior

KIMBERLY MOON